Carsten Peter Thiede
Wer bist du, Jesus?

Carsten Peter Thiede

# Wer bist du, Jesus?

*Schlaglichter auf den Mann, der in kein Schema paßt*

Brunnen Verlag · Basel und Gießen

ABCteam-Bücher erscheinen in folgenden Verlagen:

Aussaat Verlag Neukirchen-Vluyn
R. Brockhaus Verlag Wuppertal
Brunnen Verlag Basel und Gießen
Christliches Verlagshaus Stuttgart
Oncken Verlag Wuppertal und Kassel

Die Deutsche Bibliothek – CIP-Einheitsaufnahme:

**Thiede, Carsten Peter:**
Wer bist du, Jesus?: Schlaglichter auf den Mann, der in kein Schema paßt / Carsten Peter Thiede. – Basel ; [Gießen] : Brunnen-Verl., 2000
ISBN 3-7655-1216-8

Die Bibelzitate sind weitgehend der Lutherbibel (rev. Fassung von 1984) entnommen.


Umschlag: Michael Basler, Mediafarm, Basel
Bild: Tony Stone, München
Satz: Bertschi & Messmer AG, Basel
Druck: Clausen & Bosse, Leck
Printed in Germany

ISBN 3-7655-1216-8

# *Inhalt*

# Zum Einstieg ins Thema

Die Frage nach Jesus fasziniert nach wie vor. Auch Menschen, die nicht an ihn glauben, befassen sich mit ihm. Jedes Jahr zu Ostern, Pfingsten und Weihnachten sind die Zeitungen und Magazine gut gefüllt mit Artikeln, in denen meist die Skeptiker und Gegner zeigen, daß auch sie von Jesus nicht lassen können.

Wer Jesus war, das wollten die Menschen schon wissen, als er noch unter ihnen lebte. Er selbst stellte die Frage, als er seine Jünger zu einer Meinungsumfrage aussandte: «Für wen halten mich die Leute, und für wen haltet ihr mich?»

Unter den anderen, die fragten, waren Anhänger ebenso wie Gegner. In diesem Buch treten nach Jesus selbst vier Personen auf, die eine Antwort hören wollten: Johannes der Täufer, der Hohepriester Kaiaphas, der römische Präfekt Pontius Pilatus und der Pharisäer Saulus. Diese vier unterschiedlichen Menschen repräsentieren eindrucksvoll die Vielfalt der Umwelt, in der Jesus auftrat. Der Bußprediger, der aus dem Gefängnis heraus fragt, kurz vor seiner Hinrichtung, will gegen aufkommende Unsicherheit letzte Gewißheit erhalten. Der Hohepriester, ein pragmatischer Realpolitiker und Religionsverwalter, sucht nach der Antwort, mit der er Jesus eines todeswürdigen Verbrechens überführen kann. Der römische Präfekt ist für Ruhe und Ordnung zuständig, will sich nach allen Seiten absichern und fragt letztlich, ohne der Antwort genau zuzuhören. Und der römische Bürger und Pharisäer, der sich als bewährter Christenverfolger auf den Weg nach Damaskus macht, fragt in der Erschütterung eines Augenblicks, der sein ganzes Leben schlagartig verändert. Daneben stehen die Jünger, die auch nicht so ganz genau wissen, ob sie mehr glauben sollen als die Menschen, die sie in ihrer Meinungsumfrage interviewt haben, bis schließlich Petrus allen Mut zusammennimmt und etwas ausspricht, was er in seinen Folgen selbst noch gar nicht ganz versteht.

In den Fragen und Antworten werden die ganze Zeit, die Umwelt und die Wirklichkeit dieser Menschen lebendig. Man spürt, wie es in ihnen vibriert. Hier wird nicht beschaulich nachgedacht, sondern mit höchster Anspannung gehandelt. Jeder weiß, ob es ihm behagt oder nicht, daß in diesen Gesprächen und Szenen Zeitgeschichte und Weltgeschichte gemacht wird. Diese Spannung und Dramatik lassen sich auch heute noch nachvollziehen.

Carsten Peter Thiede

# 1. Kapitel

***Jesus fragt: «Für wen halten mich die Leute, und für wen haltet ihr mich?» (Matthäus 16,13–15)***

*Jesus selbst fragte danach, wer Jesus war. Seine Frage zielte auf die allgemeine Meinung, auf die weitverbreiteten Erwartungen unter den Juden, daß bald der Messias kommen werde und mit ihm das Ende der Zeit. Wie paßte Jesus in dieses Bild? Das Ergebnis der «Meinungsumfrage» hilft uns, das Klima zu verstehen, in dem Jesus auftrat, auf Anhänger und Gegner stieß und zuerst von Petrus, dann auch von anderen, ausdrücklich zum Messias, zum Christus, erklärt wurde – dem Gesalbten Gottes. Was das alles bedeutet, was die Menschen damals darunter verstanden und wie uns die Texte der Bibel, die Schriften aus Qumran und andere Quellen hineinführen in die Dramatik dieser Epoche, all das steckt in der Frage von Jesus und in den Antworten der Jünger. Und der Ort, an dem es geschah, Caesarea Philippi, verdeutlicht noch heute die Strategie Jesu, in die gesamte Welt der heidnischen Religionen, der römischen Kaiserkulte und jüdischen Prophetien hineinzuwirken.*

## Die erste Meinungsumfrage

Zahlreiche Wunder waren geschehen, die Bergpredigt hatte eine große Menschenmenge aus dem In- und Ausland angezogen, neuntausend Leute hatten erlebt, wie Jesus sie speiste – das war nicht wenig für einige Monate öffentlichen Wirkens. Wäre das alles heute geschehen, hätten uns die Medien längst ein Meinungsbild vermittelt. Und eine Umfrage würde uns zeigen, wo sich Jesus auf der Popularitätsskala neben anderen Wundertätern und Rabbis befände. Hatte er Hanina Ben Dosa oder Choni den Kreiszieher schon überholt?

Meinungsforschungsinstitute wie Allensbach oder EMNID standen damals nicht zur Verfügung. Wer wissen wollte, wie sich die Stimmung entwickelte, mußte sich selbst darum kümmern. Und so ließ Jesus seine Jünger immer wieder fragen, ob die Menschen bereits begriffen hätten, wer er sei. Die Jünger hatten einen Erfahrungsvorsprung, Petrus hatte sich sogar schon einmal ungefragt sehr weit vorgewagt (Johannes 6,68–69), aber jetzt wurde es ernst.

Jesus läßt sich das Ergebnis vorlegen, und noch während er danach fragt, gestaltet er die Situation: Nicht irgend jemand will das jetzt wissen, nicht nur der wandernde Rabbi und Wundertäter Jesus von Nazareth, sondern «der Menschensohn»: «Für wen halten die Leute den Menschensohn?» fragt Jesus (Matthäus 16,13). Und dieser Begriff, den er nicht erst hier benutzt, kommt aus dem alttestamentlichen Buch Daniel. Die Jünger kennen diese Schrift gut: Unter den Juden jener Zeit ist sie ein vielgelesener Text, der Geschichte mit Prophetie verbindet und vom Heilsplan Gottes erzählt. Im 7. Kapitel wird ein Traum Daniels beschrieben, in dem es heißt: «Ich sah in diesem Traum in der Nacht, wie einer kam mit den Wolken des Himmels wie eines Menschen Sohn und zu dem gelangte, der uralt war und vor ihn gebracht wurde. Der gab ihm Macht, Ehre und Reich, daß ihm alle Völker und Leute aus so vielen Sprachen dienen sollten. Seine Macht ist ewig und vergeht nicht, und sein Reich hat kein Ende» (Daniel 7,13–14).

Warum Daniel gerade eine Gestalt beschreibt, die «wie eines Menschen Sohn» aussieht, hat die Interpreten seit jeher beschäftigt. Doch das Warum ist hier nicht entscheidend. Wichtiger ist, was jeder Leser auch heute begreift: Dieser Menschensohn ist eine messianische Gestalt; er steht vor uns als ein von Gott bestätigter ewiger Herrscher. Sobald also Jesus auf diese Weise von sich spricht, braucht es nicht mehr viel Phantasie, um den Zusammenhang herzustellen: Was auch immer die Menschen von ihm halten mögen, er selbst sieht sich als Erfüllung dieser prophetischen Vision. Die Jünger werden denn auch später noch einmal sehr nachdrücklich daran erinnert: In seiner Rede über das Ende der Zeiten beschreibt Jesus, wie er als dieser «Menschensohn» herrschend und richtend wiederkommen wird (Matthäus 24,27–31).

Das ist aber noch nicht alles. Ohne Vorkenntnisse ist für damalige Zuhörer und heutige Leser ein anderer Gedanke naheliegend: Der Ausdruck «Menschensohn» kann anders als «Messias» oder «Sohn Gottes» schließlich auch ganz einfach das meinen, was er im Wortsinn bedeutet – Sohn eines Menschen, ein «Menschenkind». Sogar die Bibel bietet einen Anlaß dafür. Gott redet Hesekiel so an (Hesekiel 2,1–3; 3,1; u.a.m.), und auch in den Psalmen erscheint der Begriff ohne jede messianische Erhöhung (Psalm 8,5 u.a.). Wenn man das Wort nur für sich allein hört, ohne den Blick auf die Bedeutung, die es bei Daniel erhält, ist der prophetische, heilsgeschichtliche Zusammenhang noch nicht zu sehen. Für diesen Blick auf den an und für sich wohlbekannten alten Text müssen einem, ganz wörtlich, erst einmal die Augen aufgehen. Immer wieder bereitet Jesus das in seinen Lehren vor. Und die Frage, die er seinen Jüngern stellt, bietet im entscheidenden Augenblick des Bekenntnisses den notwendigen Schlüssel an.

Als Jesus und die Jünger bei Caesarea Philippi eintreffen, ist die Umfrage bereits abgeschlossen. Wir dürfen annehmen, daß sie unterwegs stattfand, bei verschiedenen Aufenthalten, nicht nur an einem einzigen Ort, und daß sie daher umso repräsentativer war. Das Ergebnis wird vorgelegt: «Einige sagen, du seist Johannes der Täufer, andere, du seist Elia, wieder andere, du seist Jeremia oder einer der Propheten.»

Das scheinen auf den ersten Blick eher unsinnige Antworten zu sein, doch sie waren offenbar schon seit längerer Zeit im Umlauf (Markus 6,14; Lukas 9,7–8). Zugleich konnte niemand daran zweifeln, daß nicht Elia oder der Täufer vor ihnen stand, sondern Jesus, und zwar nicht irgendeiner der zahlreichen Träger dieses Namens, sondern der eine Jesus aus Nazareth. Man hatte gesehen, wozu er fähig war. Dennoch sagen die Leute nun nicht, daß er ein großer Lehrer oder ein erstaunlicher Wundertäter ist, sondern sie identifizieren ihn mit verstorbenen Juden. Es kommt uns als heutigen Lesern seltsam vor, wenn Jesus gleich zu Anfang mit dem erst kurz zuvor von Herodes Agrippa I. ermordeten Täufer gleichgesetzt wird. Und noch seltsamer ist es dann, wenn wir sehen, daß Herodes selbst zu den ersten gehörte, die auf diesen Gedanken kamen: «Zu der Zeit hörte der Landesfürst Herodes von Jesus. Und er sprach zu seinen Leuten: ‹Das ist Johannes der Täufer; er ist von den Toten auferstanden, darum tut er solche Taten›» (Matthäus 14,1–2). Wieso aber Johannes, wieso Elia, Jeremia oder einer der Propheten?

Diese drei haben etwas gemeinsam: Sie waren den damaligen Menschen ebenso wie heutigen Bibellesern geläufig als Bußprediger, oder, um es etwas direkter zu sagen, sie sprachen vom Urteil Gottes über eine Welt, der es an Sündenbewußtsein fehlte, an der Bereitschaft zur Umkehr. Zugleich beließen sie es nicht beim Urteilen. Sie forderten zur Lebensänderung auf und zeigten, wie das zu tun war. Johannes ging dabei am weitesten, indem er einen sichtbaren Akt des Bekenntnisses und der Reinigung einführte: die von ihm selbst vor Zeugen vollzogene, einmalige Taufe. Das war neu, hatte nichts mit der immer wieder, oft mehrmals täglich zu praktizierenden Selbstreinigung der Essener gemeinsam und kam doch ganz allein aus dem Judentum. Daß dieser Johannes durch seine Ermordung auf der Festung Machaerus, von der uns die Evangelien und der jüdische Historiker Josephus berichten, spurlos aus der jüdischen Glaubenswirklichkeit verschwunden sein sollte, das schien schwer vorstellbar. Ihn in Jesus wieder vor sich zu sehen, das war immerhin eine Möglichkeit – zumindest für jene, die nicht wußten, daß Jesus selbst noch von Johannes, seinem Vetter, getauft worden war. Jedenfalls war die Gleichsetzung von Jesus mit dem Täufer eine unvergleichlich hohe Anerkennung, hatte doch Jesus selbst ihn als den Größten unter den Propheten, als den größten Menschen seiner Zeit bezeichnet (Matthäus 11,9–11). In seinen Augen verkörperte Johannes die Erfüllung der Verheißung aus Maleachi 3,1: «Siehe, ich will meinen Boten senden, der vor mir her den Weg bereiten soll.» Und nun wird die Geschichte auf den ersten Blick verwickelt, denn Jesus sieht den Täufer seinerseits als die Verkörperung eines anderen: als Elia nämlich, für den wiederum ihn selbst einige der von den Jüngern befragten Juden halten: «Alle Propheten und das Gesetz haben geweissagt bis hin zu Johannes; und wenn ihr's annehmen wollt: er ist Elia, der da kommen soll» (Matthäus 11,14; 17,10–13).

## Bekenntnisse und Konsequenzen

Es war zur Zeit von Jesus nicht ungewöhnlich, den von Maleachi angekündigten Boten mit dem wiederkehrenden Elia gleichzusetzen – Maleachi selbst hatte das vorbereitet: «Siehe, ich will euch den Propheten Elia senden, ehe der große und schreckliche Tag des Herrn kommt. Der soll das Herz der Väter bekehren zu den Söhnen und das Herz der Söhne zu ihren Vätern, auf daß ich nicht komme und das Erdreich mit dem Bann schlage» (Maleachi 3,23–24). Auch wenn es «nur» das christliche Alte Testament ist, dessen Ordnung mit diesen beiden Versen endet, nicht die jüdische Bibel – die ganz anders gegliedert ist und mit dem 2. Buch der Chronik schließt – , so läßt sich doch nicht übersehen, daß hier eine Schlüsselstelle für das Verständnis von Jesus vorliegt. Elia und Johannes der Täufer haben auch äußerliche Gemeinsamkeiten, die Matthäus hervorhebt. Die Bekleidung des Täufers entspricht weitgehend der des Elia, wie sie in 2. Könige 1,8 beschrieben wird. Mit anderen Worten: Johannes selbst war sich seiner Rolle bewußt, auch wenn er eine vollständige Identifizierung ablehnte (Johannes 1,21). Als Erfüllung der Prophezeiung Maleachis gesehen zu werden, war die eine Seite; und das war zweifellos hilfreich, um überhaupt gehört zu werden. Das Eigene, die ganz besondere, neue Tat, nämlich die Taufe zur Vergebung der Sünden, hob ihn jedoch vom Vorgänger ab – und das sah auch Jesus so.

So viel aber ist klar: Wenn es da Menschen gab, die in Jesus Johannes den Täufer sahen und damit den wiedergekommenen Elia, dann war das ein geradezu dramatisches Bekenntnis. Es hieß ja nichts anderes, als daß nun die von Gott verheißene letzte Zeit gekommen war. Herodes Agrippa, der Jesus für den auferstandenen Täufer hält, und die anderen, die in ihm den Täufer und Elia wiedergekommen sehen, greifen noch zu kurz, aber sie haben einen Kern des Richtigen begriffen. Und dann erfahren wir fast am Rande, daß der Vierfürst («Tetrarch») Herodes, der wie sein Vater Herodes der Große kein gebürtiger Jude war, mit der Vorstellung einer leiblichen Auferstehung offenbar keine Probleme hatte. Das ist historisch ohne weiteres glaubhaft. Die Bezweiflung der Auferstehung der Toten blieb zu jener Zeit den Sadduzäern vorbehalten. Aber eine Auferstehung geschah nicht einfach so, zwischendurch, ohne größere Zusammenhänge. Wenn Herodes tatsächlich glaubte, was er da sagte, dann war auch klar, daß er es mit der Angst zu tun bekam und Jesus ebenso wie zuvor schon Johannes den Täufer aus dem Weg räumen wollte (Lukas 13,31–32).

Warum nun auch noch Jeremia? Die Befragten legen sich nicht fest. Jesus sei «Jeremia oder einer der Propheten». Gerade Jeremia hatte eine besondere Stellung inne als derjenige, der vom Urteil Gottes über sein Volk sprach, für seine Prophezeiung der drohenden Zerstörung verfolgt wurde und dennoch die Hoffnung auf die Hilfe Gottes aussprach, als es so gekommen war. Besonders die kürzere biblische Schrift der «Klagelieder des Jeremia» spricht hier eine eigene, unverkennbare Sprache. In der hebräischen Bibel heißt dieses Buch *«Echa»* (nach dem ersten Wort des Textes, wörtlich «Ach»). Am 9. Aw, einem Tag, der meist in den August fällt, wird es zur Erinnerung an die Zerstörung des ersten Tempels (und seit 70 n. Chr. auch zur Erinnerung an den Untergang des zweiten Tempels) gelesen. Als Jesus auftrat, war es bereits rund 600 Jahre alt: Kurz nach der Zerstörung Jerusalems 586 v. Chr. wurden die «Klagelieder des Jeremia» geschrieben; sie gehören neben der Torah und den Psalmen zu den vertrautesten Schriften des Judentums. Genau dieser Jeremia schwebte den Menschen vor, die ihn in Jesus wiedergekommen sahen – ein Jeremia, den Jesus wenigstens einmal ausdrücklich zitiert hatte (Matthäus 5,39 / Klagelieder 3,30). Die Ankündigung drohenden Unheils, der Aufruf zur Buße und das Leiden am Leiden des eigenen Volkes, in tiefem Gottvertrauen, verbanden Jesus in den Augen vieler Menschen mit keinem anderen Propheten so sehr wie mit Jeremia.

## Der Gott «Pan» und ein neuer Messias

Für jeden normalen Wanderrabbi wäre ein solches Umfrageergebnis ein großartiger Erfolg gewesen. Und doch war es eigentlich schon zu viel des Guten – denn hier wurde ja nicht einfach nur Anerkennung ausgesprochen, sondern eine weitausgreifende Erwartung. Man könnte es auch anders sagen: Die Menschen, die ihn so sahen, erwarteten etwas von Jesus.

War er für sie auch noch nicht selbst der Messias, so fehlte doch nicht viel. Die messianische Epoche war angebrochen, und Jesus war ihr letzter Prophet. Reichte das? Wußten die Jünger mehr? Die Frage wird gestellt, nicht ohne eine kleine Hilfestellung: Jesus erinnert die Jünger daran, daß sie ihn bereits als den «Menschensohn» erfahren haben. Jetzt sollen sie es auch sagen; der Moment des endgültigen Bekenntnisses ist gekommen. «Für wen haltet ihr mich denn nun?»

Bei Caesarea Philippi war zu dieser Zeit viel los. Die Gruppe hatte jüdisches Siedlungsgebiet verlassen und war jetzt mitten in einer der populärsten Gegenden des römisch-griechischen «Heidentums». Seit Jahrhunderten befand sich hier das größte und beliebteste Heiligtum des Gottes Pan, und noch wenige Jahre vor dem Eintreffen der Jünger hieß die Stätte dementsprechend auch «Paneas». Erst Philippus, der Vierfürst, der auch Bethsaida, den Geburtsort einiger der Jünger, zu einer von griechischer Sprache und Kultur durchdrungenen Stadt gemacht hatte, baute dieses Paneas zu einem attraktiven Pilgerzentrum aus und benannte es Augustus und sich selbst zu Ehren in «die kaiserliche (Stadt) des Philippus» um, eben Caesarea Philippi. Hier gab es alles, was Religionstouristen begeistern konnte, und die Archäologen graben zur Zeit immer neue Straßenzeilen, Geschäfte, Andenkenläden und andere typische Bestandteile der Reiseindustrie aus, die es auch damals schon gab. Und heute läßt sich wieder erkennen, welchen überwältigenden Eindruck die Anlage auf ihre Besucher machte. Sie bot schon aus der Ferne ein Naturschauspiel: Ein riesiges, langgestrecktes Felsmassiv aus rötlich wirkendem Stein hob das Areal von der Umgebung ab. Eine große, weitgeöffnete und tiefe Höhle kennzeichnete die Mitte der Anlage. Rechts von ihr war der eigentliche Tempelbereich. In den Fels hineingeschlagene Nischen enthielten Statuen des Pan und anderer Gottheiten. Pan – das war der Gott der Hirten und Herden, der Gott der Fruchtbarkeit, aber in der Anspielung auf das griechische Wort «alles», *«Pan»*, auch eine Art Allgott, den man zur Zeit Jesu für alles Mögliche und Unmögliche anrief. Er war, mit anderen Worten, eine praktische, nützliche Gottheit. Und das galt, obwohl er auch der gefürchtete Gott des plötzlichen Schreckens in der Mittagsglut war, der nach ihm benannten *Pan*ik, und obwohl seine Darstellungen keineswegs attraktiv wirken. Bocksbeinig, mit Hörnern und Bart, erinnern seine Statuen und Abbildungen eher an die mittelalterlichen Vorstellungen vom Teufel. Auch die von ihm erfundene Panflöte, die Syrinx, die er meist in der Hand hält, macht sein Aussehen nicht sympathischer.

Die Statuen von Caesarea Philippi sind verlorengegangen, und die Lage der großen Höhle hat sich durch ein Erdbeben in der Spätantike verändert, aber viele andere Bauspuren und manche Inschriften sind erhalten geblieben. Aus dem Fels entspringt, mittlerweile aufgrund des Erdbebens im Lauf ein wenig verändert, eine Quelle: Nar Banjas heißt sie heute, einer der drei Quellflüsse des Jordan. In Sichtweite stand ein Tempel. Herodes der Große hatte ihn errichten lassen, zu Ehren des Kaisers Augustus. Der römische Kaiserkult war im gesamten Reich seit Augustus durch eine für Juden unerträgliche Nuance geprägt: Augustus hatte seinen Adoptivvater Julius Caesar vom Senat vergöttlichen lassen, er war nunmehr der *«Divus Iulius»*. Und sein (Adoptiv-)Sohn wurde dadurch zum Sohn des Göttlichen, zum *«Filius Divi»*, auf Münzen meist abgekürzt als *«FD»*. Im griechischsprachigen Osten, also auch im Umfeld von Jesus, wurde der Göttliche jedoch zum Gott, und so trug Augustus, unter dem Jesus geboren wurde, den verpflichtenden Titel *«Hyios Theou»*, Sohn Gottes. Auch Kaiser Tiberius, unter dem Jesus öffentlich auftrat und von dessen Präfekten Pilatus er gekreuzigt wurde, trug diese Bezeichnung, denn er hatte wiederum seinen Stiefvater Augustus vom Senat vergöttlichen lassen.

Für gläubige Juden war das Gotteslästerung. Wie konnte ein Heide beschließen lassen, sich per Senatsbeschluß zum Sohn des Gottes (man beachte den Singular!) ernennen zu lassen? Niemand mußte an eine leibliche Sohn-Vater-Beziehung denken, um daran Anstoß zu nehmen. Eine symbolische Deutung reichte völlig aus. Nur Gott selbst durfte bestimmen, wer Sohn Gottes war, so wie er es in Psalm 2,7 getan hatte: «Kundtun will ich den Ratschluß des Herrn. Er hat zu mir gesagt: ‹Du bist mein Sohn, heute habe ich dich gezeugt›.» Das war ein Vers, den jeder Jude kannte, ebenso wie das Wort, das Gott durch den Propheten Nathan an David richtete und das dessen Nachfahren betraf: «Ich will sein Vater sein, und er soll mein Sohn sein» (2. Samuel 7,14). Diese Aussagen kannte man gut, lange bevor einige Zeugen am Jordan hörten, wie unmittelbar nach der Taufe von Jesus «eine Stimme vom Himmel herab sprach: ‹Dies ist mein lieber Sohn, an dem ich Wohlgefallen habe›» (Matthäus 3,17).

Für Juden gab es nur einen Gott, zu dem man andere Menschen in eine innige Beziehung bringen durfte, und es war sicher nicht der Vater des amtierenden römischen Kaisers. Vor der Szene bei Caesarea Philippi hatte man es gelegentlich schon gewagt, den Juden Jesus in dieser Weise anzureden. Die Jünger im Boot taten es nach der Stillung des Sturms: «Du bist wahrhaftig Gottes Sohn!» Dämonen riefen ihm zu: «Was willst du von uns, du Sohn Gottes?» (Matthäus 8,29). Und Jesus selbst hatte einmal in dieser Sprache über sich geredet (Matthäus 11,25–27). Das waren Vorbereitungen, und eine andere Vorbereitung dieser Art war Jesus gewissermaßen schon in die Wiege gelegt worden: *Hyios Theou*, Sohn Gottes, war auch genau die griechische Formulierung, die Lukas niederschrieb, als er von der Ankündigung Gabriels an Maria berichtete. «Darum wird auch das Heilige, das geboren wird, *Sohn Gottes* genannt werden», heißt es gleich zu Beginn des Evangeliums (Lukas 1,35). Die Jünger, die bei Caesarea Philippi um

Jesus herumstanden, dürften diese Geschichte erst später erfahren haben, vielleicht nach der Auferstehung, und dann wohl sogar von Maria selbst. Wir wissen es nicht, aber wir können uns sicher sein, daß der Menschensohn Jesus, den die Stimme vom Himmel zum wahren Gottessohn erklärt hatte, in den Augen seiner Begleiter eine lebende Herausforderung an den Kaiserkult darstellte. Sohn Gottes – ein Jude durfte das sein, auch ohne die ungeahnte Seite der nicht nur geistigen, sondern auch physischen Vater-Sohn-Beziehung, die erst später von Jesus und für Jesus erklärt wurde. Der Augustus-Tempel in Caesarea Philippi, ein weiterer Tempel in Caesarea Maritima (Caesarea am Meer) oder andere ganz ähnliche Tempel überall im römischen Reich zeigten den jüdischen Zeitgenossen dagegen nur die unerträgliche Anmaßung der feindlichen Besatzungsmacht.

Und hier, zwischen diesen beiden Symbolen blasphemischer Kulte, dem Pan-Heiligtum und dem Augustustempel, entsprang der Fluß Israels. Größer konnte der Kontrast kaum sein. Im Jordan war Jesus getauft worden, der Jordan durchzog das Heilige Land vom Norden bis zum Süden, den Jordan hatte das Volk Israel nach dem Auszug aus Ägypten überquert, ehe es ins Gelobte Land kam. Den Jüngern konnte die Bedeutung dieser Ortswahl nicht entgehen. Auch die ersten Leser des Evangeliums, denen Caesarea Philippi ein Begriff war, wußten durchaus, was es bedeutete, daß Jesus gerade hier die Frage nach seiner Person stellte. An einer Stätte, die heidnische Religion, römischen Kaiserkult und Judentum gegenüberstellte, hatten Frage und Antwort größere Bedeutung als irgendwo sonst. Und Petrus zögerte nicht. Er hatte es ja schon einmal ausgesprochen, ungefragt (Johannes 6,68–69). Jetzt ging es um das Bekenntnis. Es war der entscheidende Augenblick. «*Du* bist der Messias, der Sohn des lebendigen Gottes!» Es ist dieses *«Du!»*, das wir beim Lesen wenigstens in Gedanken betonen sollten: Du bist es, kein anderer!

## Der gesalbte Sohn

In unseren deutschen Bibelübersetzungen lesen wir meist «Du bist der Christus»; einige schreiben: «Du bist der Messias». Obwohl Jesus und die Jünger, wie wir heute wissen, zweifelsfrei mehrsprachig waren und auch Griechisch beherrschten, redeten sie untereinander wohl in der Regel aramäisch. Und da hat Petrus sicher nicht das griechische Wort «Christus» benutzt, sondern das aramäische «Messias». Wir haben uns heute daran gewöhnt, Christus wie einen Eigennamen von Jesus zu gebrauchen. Doch ursprünglich war es kein Name, sondern ein Titel. «Christus» ist in der Tat die schon in der «Septuaginta», der im 3. vorchristlichen Jahrhundert von Juden für Juden angefertigten griechischen Übersetzung der hebräischen Bibel, die gebräuchliche Übersetzung für «Messias».

Anders gesagt: Wer das Alte Testament in der jüdischen Übersetzung vorchristlicher Zeit liest, stößt ständig auf Christus, den Gesalbten Gottes. Denn nichts anderes als «Gesalbter» bedeutet dieses Wort im Alten Testament – in beiden Sprachen. Eine Prophezeiung auf Jesus ist damit also nicht namentlich verbunden, sondern wird erst verständlich in der Erkenntnis, daß Jesus von Nazareth dieser Gesalbte ist. Ein griechischer Leser dagegen, der keine jüdische Vorbildung besaß und beispielsweise den ersten Vers des Markus- oder Matthäusevangeliums las, war zuerst einmal ratlos. Wörtlich genommen konnte «Christus» auch «der weiß Angemalte» oder «der Getünchte» heißen. Das Wort erhielt seine Bedeutung erst durch den Zusammenhang mit der uralten jüdischen Wurzel, wie sie uns schon in 1. Samuel 2,10 begegnet, im Lobgesang der Hanna: «Die mit dem Herrn hadern, sollen zugrunde gehen. Der Höchste im Himmel wird sie zerschmettern, der Herr wird richten der Welt Enden. Er wird Macht geben seinem Könige und erhöhen das Haupt seines Gesalbten.»

Petrus begnügt sich nicht mit der Christus-Anrede. Er fügt einen zweiten Titel hinzu: «Der Sohn des lebendigen Gottes!» Damit ist nun im Bericht des Matthäus die Verbindung in drei Schritten hergestellt.

1. *Menschensohn*: die unmittelbar vorausgegangene Selbstbezeichnung Jesu;
2. *Messias/Christus*: das Bekenntnis, mit dem das Resultat der Meinungsumfrage weitergeführt und überboten wird;
3. *Sohn Gottes*: die Herausforderung an die römischen Kaiser.

Und das ist hier noch zugespitzt durch eine feine Ironie. Kaiser wie Augustus und Tiberius konnten nur zu «Söhnen Gottes» werden, weil ihre Adoptiv- oder Stiefväter tot waren und vom Senat erst nach ihrem Tode in den göttlichen Stand erhoben wurden. Der Gott von Jesus aber ist ein *lebendiger* Gott. Nun war es an und für sich keine neue Erkenntnis, daß der Gott des jüdischen Volkes ein lebendiger Gott war und ist (Psalm 42,3; 84,3; Jeremia 10,10; Daniel 6,27; u.a.m.). Hier jedoch ist der Kontrast zum toten Gott des Augustus-Tempels, den Petrus und die anderen vor sich sehen konnten, ein wirkungsvoller Bestandteil dieser Szene. Für den Evangelisten Matthäus ist dieser Teil der Erklärung des Petrus besonders wichtig; sorgsam bereitet er die Leser darauf vor. Gleich zu Beginn seines Evangeliums erinnert er an die Prophezeiung aus Jesaja 7,14: Joseph erfuhr im Schlaf durch die Stimme des Engels, was der noch Ungeborene sein wird: «Gott mit uns», hebräisch «Immanuel». Wenig später erfüllte sich in der Flucht nach Ägypten und in der Rückkehr eine weitere Prophezeiung, aus Hosea 11,1, wo Gott spricht: «Aus Ägypten habe ich meinen Sohn gerufen.»

Dieser rote Faden alttestamentlicher Aussagen, die Matthäus nun als in Jesus erfüllte Prophezeiungen beschreibt, läßt sich durch das ganze Evangelium verfolgen. Vor dem Ereignis bei Caesarea Philippi ist es z.B. auch noch Johannes der Täufer, der Jesaja 40,3 so zitiert, daß Jesus als «Herr» mit Gott gleichgesetzt wird: «Es ist eine Stimme eines Predigers in der Wüste: Bereitet dem Herrn den Weg und macht eben seine Steige!»

Ob Petrus alle diese Querverbindungen schon vor Augen hat, als er sein Bekenntnis ablegt, ist nicht sicher, aber es ist kaum anzunehmen. Matthäus jedenfalls erwartet etwas von seinen Lesern, die mehr wissen als Petrus in diesem Moment – denn sie lesen das Buch ja erst nach Ostern, nach Auferstehung und Himmelfahrt. Sie, die Leser des Evangeliums, sollen bereits an dieser Stelle erkennen, wie das Mosaik vor ihren Augen Stück für Stück zusammengesetzt wird. Jesus ist der Gesalbte Gottes, der Sohn Gottes, und er ist Gott, der mit den Menschen ist. Diese Zusammenhänge sind so unerhört neu und so gewaltig, daß Petrus sie selbst noch nicht richtig versteht. Das zeigt sich schon wenig später, als er der Leidensankündigung von Jesus widersprechen will und sehr nachdrücklich zurückgewiesen wird. Jesus hält daher die Messias-Proklamation des Petrus auch keineswegs für das Ergebnis sorgfältiger theologischer Reflexion: «Selig bist du, Simon, Sohn des Jona; denn Fleisch und Blut haben dir das nicht offenbart, sondern mein Vater im Himmel.»

Zugleich erkennt Jesus sofort an, daß es wieder einmal Petrus ist, der Mut beweist. Noch kurz zuvor war es nicht anders (Matthäus 14,22–33): Da war Petrus der einzige, der Mut genug hatte, das Boot zu verlassen und auf Jesus zuzugehen. Dort wie nun hier fehlt aber noch etwas. Petrus sinkt, und Petrus zweifelt an der Notwendigkeit des Leidens von Jesus, weil er noch nicht den vollen Glauben hat. Erst nach Ostern wird es soweit sein. Doch nur er zeigt immer wieder schon vor Ostern, wozu bereits die erste Phase des Glaubensmuts befähigen kann. Und so wird Petrus folgerichtig seliggepriesen. Das

Wort, das Jesus benutzt, «makarios», oder aramäisch «asrê», hat allerdings mit den Seligsprechungen in der späteren Kirchengeschichte nichts zu tun. Jesus erhebt Petrus nicht in einen besonderen Stand; er beschreibt vielmehr, daß dieser Mann wörtlich «gut dran» ist. Nicht mehr, aber eben auch nicht weniger ist mit diesem Wort gemeint. Petrus ist die entscheidende Einsicht geschenkt, und er hat sie ausgesprochen, auch wenn er sie noch gar nicht in allen Konsequenzen versteht. Doch im Moment des persönlichen Muts, als er es riskiert, die Erkenntnis auszusprechen, da ist er selig. In diesem Augenblick kommen viele der Mosaiksteine zusammen, die nach Ostern das ganze Bild ergeben werden. Und die Seligpreisung durch Jesus erinnert natürlich daran, was er nicht lange zuvor, im südlicheren Galiläa, zu den Jüngern gesagt hat: «Alles ist mir übergeben von meinem Vater; und niemand kennt den Sohn als nur der Vater; und niemand kennt den Vater als nur der Sohn und wem es der Sohn offenbaren will» (Matthäus 11,27).

## Petrus, Sohn des Jona

Jesus geht nun noch einen Schritt weiter. Er bezeichnet Petrus als «Bariôna», Sohn (aramäisch «Bar») des Jona. Kann damit der leibliche Vater des Petrus gemeint sein? Dessen Name lautet in Johannes 1,42 und dann noch einmal in Johannes 21,15–17 ganz anders: «Jo(h)annes» nämlich oder, in der Form, die dem Aramäischen nähersteht, «Jo(h)anan». Und zuerst einmal sind das zwei verschiedene Namen. Jona bedeutet «Taube», während Johanan/Johannes «Gott ist gnädig» heißt. Es wäre allerdings geradezu naiv anzunehmen, die ersten Christengenerationen hätten nicht mehr gewußt, wie denn nun der Vater ihres ersten Apostels wirklich hieß, oder hätten es sich erlauben können, mit diesem Namen herumzuspielen. Was hier in Caesarea Philippi geschieht, bedeutet etwas ganz anderes, Größeres. Es funktioniert auf mehreren Ebenen, wie so oft im jüdischen Denken seit ältester Zeit. Wer – wie Jesus mit den Jüngern und nicht zuletzt wie der Evangelist Matthäus – in einer zweisprachigen jüdischen Umwelt groß geworden war, der wußte, daß «Jona» auch als Abkürzung für Joanan benutzt werden konnte. Die Belege dafür finden wir heute noch in der jüdischen, vorchristlichen Übersetzung der hebräischen Bibel, der sogenannten Septuaginta.

Der bekannteste Fall erscheint im zweiten Buch der Könige – das in der griechischen Bibel als «4. Könige» gezählt wird. Kapitel 25,23 hat in der Septuaginta «Jona» statt «Johanan», wie es die deutschen Übersetzungen nach dem hebräischen Text wiedergeben. Es ist auch keineswegs besonders auffällig, daß der gleiche Vater einmal Johannes und ein anderes Mal Jona genannt wird. Im Griechischen ist der Unterschied zwischen den beiden Namen ohnehin weniger deutlich als im Deutschen. Auch andere Fälle kennen wir aus den Seiten des Neuen Testaments: Priska/Priszilla und Silas/Silvanus – die gleichen Personen unter verschiedenen Namensformen. Und wir leben mit vergleichbaren Fällen sogar noch in unserem heutigen Sprachgebrauch: Exakte Historiker werden sich eines Tages entscheiden müssen, ob sie den amerikanischen Präsidenten Clinton korrekt William nennen oder Bill, wie heute alle Welt ihn nennt. Tony Blair, der britische Premierminister, heißt in Wirklichkeit Anthony und wird in offiziellen Dokumenten natürlich auch so genannt. Der Außenminister der ersten rot-grünen Regierung in Deutschland heißt Joseph Fischer, auch wenn ihn alle Medien Joschka nennen. Wird eines Tages ein kluger Kopf darauf kommen, daß ungenaue Quellenlage, Ahnungslosigkeit oder Überlieferungsfehler zu diagnostizieren sind, wenn Joschka gegen Joseph steht, Tony gegen Anthony oder Bill gegen William? Oder darf man beide Fassungen stehenlassen?

Das ist die eine Seite der Geschichte. Die andere ist theologischer, und sie ist sicher auch spannender, denn sie bringt den bekanntesten Träger des biblischen Namens «Jona» mit hinein:

Schon einige Zeit vor der großen Frage in Caesarea Philippi hatte Jesus ausdrücklich den Propheten Jona hervorgehoben. Er war ein Zeichen für Skeptiker ebenso wie für alle Gläubigen: «Denn wie Jona drei Tage und drei Nächte im Bauch des Fisches war, so wird der Menschensohn drei Tage und drei Nächte im Schoß der Erde sein» (Matthäus 12,39–40). Und Jesus griff das wenige Verse vor der Messias-Frage wieder auf, diesmal gegenüber den Pharisäern und Sadduzäern: «Ein böses und abtrünniges Geschlecht fordert ein Zeichen; doch soll ihm kein Zeichen gegeben werden, es sei denn das Zeichen des Jona. Und er ließ sie stehen und ging davon» (Matthäus 16,4). Wenn Jesus nun seinen Jünger Simon als «Sohn des Jona» anspricht, nimmt er ein Bild des hebräischen Alten Testaments auf, wo «Söhne (im Sinne von Jüngern oder Nachfolgern) der Propheten» eine Rolle spielen. Das läßt sich z.B. am hebräischen Text von 1. Könige 20,35 und 2. Könige 2,3; 2,15 nachlesen. Petrus soll also eines Tages begreifen, daß er als Sohn des Jona eine Aufgabe hat: Er wird das prophetische Zeichen an sich selbst erfahren, als Zeuge, der für den Glauben sterben und als Nachfolger von Jesus auferstehen wird. Aber vor allem, und noch bevor es so weit ist, wird er sein Leben lang von dieser Wahrheit reden, die er als Jünger und Zeuge des gekreuzigten und auferstandenen Jesus noch erleben wird. Da Jesus das Zeichen des Jona als das einzige hervorhebt, das die Ungläubigen, die «Bösen und Abtrünnigen» erhalten werden, hat diese Aussage eine kaum zu überschätzende Bedeutung. Und es zeigt sich sofort, in den folgenden Kapiteln des Matthäusevangeliums, daß sie nicht nur auf Simon Petrus bezogen ist, sondern auf die ganze Gemeinschaft, die das Messias-Bekenntnis teilt und den Gekreuzigten und Auferstandenen verkündigen wird.

Jesus spricht Petrus mit seinem Beinamen an: *«Kephas»* sagt er zu ihm auf aramäisch, was auf griechisch «Petros» heißt und die auf den Mann Petrus natürlich männlich umgewandelte Form des eigentlich weiblichen Wortes «Petra» (aramäisch *«Kepha»*) ist, «Stein» oder «Fels». Matthäus läßt durchscheinen, daß dieser Beiname hier nicht zum ersten Mal benutzt wird. Es geht nicht um die Neuschöpfung, sondern um die Bestätigung. In der Tat, so dürfen wir die Rede von Jesus verstehen, du bist nun – durch deine Äußerung – der tatsächliche Fels; was sich früher ahnen ließ, hat sich jetzt bestätigt und wird so bleiben, auch wenn noch manches wenig «felsenhaftes» Versagen auf deinem vorösterlichen Weg liegen wird. Jetzt darfst du wirklich Petrus heißen. Markus 3,16 und Lukas 6,14 bestätigen darin Johannes 1,42: Jesus hatte den Simon schon von Anfang an so genannt. Auch Matthäus deutet durchaus an, daß er das weiß (Matthäus 4,18), hebt sich aber den Höhepunkt bis zum 16. Kapitel auf: ein dramatischer Effekt, der seine Wirkung nicht verfehlt.

Und im übrigen ist der aramäische Name *«kepha(s)»* nicht nur als «Fels», sondern auch als Eigenname belegt (man mag da, um eine moderne Parallele herzustellen, an den Schauspieler Rock Hudson denken, bei dessen Vornamen auch Englischsprachige nicht sofort daran denken, daß er «Fels» heißt). Spätestens seit dem Jahr 416 v. Chr., als ein «Sohn des Kepha» in einem aramäischen Papyrus erscheint, wissen wir, daß es diesen Eigennamen gab. Und mehr noch: Dank eines in Qumran gefundenen Fragments, einer Schreibübung mit der Bezeichnung 4Q Alpha (4QM 130), wissen wir heute auch, daß sogar «Petros» in aramäischer Umschrift als Name bekannt war. Das muß uns nicht wundern. Viele Juden waren auch im Heiligen Land selbst griechischsprachig oder kamen aus der griechischsprachigen Diaspora. Griechische Namen sind für Juden in neutestamentlicher Zeit keine Seltenheit. Schon der Bruder des Simon Petrus, Andreas, trägt einen rein griechischen Namen, ebenso ein weiterer Jünger aus Bethsaida, Philippus. So kann selbstverständlich ein griechischer Name auch mit hebräischen Buchstaben geschrieben werden. Was häufig gegen diesen Abschnitt des Matthäusevangeliums eingewandt wird – daß der historische Jesus zu seiner Zeit gar nicht so hätte denken und formulieren können –, löst sich in Luft auf. Jedenfalls ist die Antwort von Jesus auf die Antwort des Petrus keine sprachliche Neuschöpfung, und darum geht es auch nicht. Entscheidend ist, daß Simon hier eine Bestätigung erfährt. Jesus stellt eine Wechselbeziehung her. Auf seine Frage erhält er die richtige Antwort, und mit ihr entsteht eine besondere Beziehung zwischen Jesus und Simon, die mit der Bestätigung des Beinamens dokumentiert wird.

## Der Fels einer neuen Gemeinschaft

Aber Jesus sagt nun nicht, daß er auf «Petros» seine Gemeinde gründen will, sondern vielmehr auf «Petra»: Nicht auf dich, Petrus, als Person, sondern auf den Felsen, für den du nun stehst. Das Wortspiel, das Jesus hier spielt, und das annähernd so deutlich auch aramäisch mit «Kepha»/«Kephas» funktioniert, beruht durchaus auf einem feinen Unterschied. Jesus setzt den persönlichen Beinamen und das Wort für «Fels» nicht völlig gleich, sondern benutzt dieses Wort anschließend ausdrücklich getrennt. Im Deutschen läßt sich dieser Wechsel der Geschlechter kaum nachahmen, aber es wäre in etwa so, als hätte Jesus gesagt: «Du bist Fels, und auf diese Felsin will ich ...» Anders gesagt: Das Wortspiel zielt sehr bewußt auf eine enge Beziehung zwischen beiden. Und doch sagt Jesus eben nicht: «Du bist Fels, und auf dich ...», oder «Du bist Fels, und darauf ...», sondern er spricht vom Gestein als einer eigenen Größe. Wir haben es gelernt, bei Jesus auf Nuancen zu achten, auch im griechisch verfaßten Bericht der Evangelien. So sollten wir das auch hier tun. Nicht die Person

Petrus ist der Fels, sondern der Messias-Glaube, der Sohn-Gottes-Glaube, der Glaube an die gesamte Lehre, die von Jesus ausgeht. Darauf wird die künftige Gemeinschaft gründen. Jesus selbst hatte das so vorgegeben: «Wer diese meine Worte hört, und tut sie, der gleicht einem klugen Mann, der sein Haus auf Fels *(«petra»)* baute» (Matthäus 7,24).

Petrus ist der erste Garant dafür, und alle, die ihm damals ebenso wie heute zustimmen, stehen in seiner Tradition – daran besteht kein Zweifel. Aber er ist nicht die alleinige Verkörperung des Felsens der Gemeinde. Das wird wenig später noch deutlicher: Liest man Matthäus 16,19 isoliert, dann könnte man den Eindruck haben, nur Petrus erhielte eine besondere Vollmacht, mit Schlüsseln des Himmelreichs zu lösen und zu binden. Schon in Matthäus 18,18–19 wird das jedoch auf alle Jünger ausgedehnt. Genau so betont es auch Johannes in seinem Evangelium, in einer Szene, die nach der Auferstehung stattfindet: «‹*Shalom aleichem!* (Friede sei mit euch!) Wie mich der Vater gesandt hat, so sende ich euch.› Und als er das gesagt hatte, blies er sie an und sprach zu ihnen: ‹Nehmt hin den heiligen Geist! Welchen ihr die Sünden erlaßt, denen sind sie erlassen; und welchen ihr sie behaltet, denen sind sie behalten›» (Johannes 20,21–23). Wir sehen da heute fast nur noch die daraus abgeleiteten kirchlichen Ämter und Strukturen. Doch der fortwährende Gemeindeaufbau, der mit dieser von Jesus verliehenen Autorität verbunden ist, konnte auch jüdischem Denken nicht völlig fremd sein. Sagt Jesus in Matthäus 16,18, daß er auf den von Petrus ausgesprochenen Glauben seine «Gemeinschaft» gründen wird, dann lesen wir im griechischen Text «ekklêsia». In vielen Sprachen wurde daraus das Wort «Kirche» – besonders deutlich erkennbar im Französischen («église») und anderen romanischen Sprachen (spanisch «iglesia», italienisch «chiesa»). Man hat lange geglaubt, der historische Jesus hätte so noch gar nicht reden können – eine absurde Vorstellung, so hieß es, daß Jesus eine *Kirche* gründen wollte. Ob er eine Kirche so gründen wollte, wie wir sie heute haben, das mag dahingestellt bleiben; was hier in Matthäus 16,18 steht, konnte jedenfalls auch Jesus selbst ohne weiteres sagen. Denn er benutzte ja nicht das heutige Wort mit allen Über- und Untertönen, sondern einen bekannten griechischen Ausdruck, der schon in der jüdischen Übersetzung des Alten Testaments ins Griechische seit dem 3. vorchristlichen Jahrhundert für «Versammlung», «Gemeinschaft» gebräuchlich war – z.B. in 5. Mose 9,10; 1. Samuel 17,47; Psalm 149,1; Joel 2,16; Micha 2,5. Seit auch noch in den Schriftrollen von Qumran das hebräisch/aramäische Gegenstück «*qehal*» belegt ist, wie wir es z.B. im Vergleich von Psalm 149,1 mit dem Qumran-Fragment 11QPs[a] 18,4 wiederfinden, können wir an der Wortwahl von Jesus kaum mehr zweifeln.

Eine kleine lokale Pointe sollten wir uns nicht entgehen lassen: Wir sahen zu Beginn dieses Kapitels, wie wichtig es für Jesus war, gerade Caesarea Philippi als die Gegend der Befragung auszuwählen. Das wird nun, in der Antwort von Jesus auf die Antwort des Petrus, noch einmal sichtbar. Der Felsen, auf den Jesus seine Gemeinde bauen will, wird gegen den Felsen gestellt, den sie alle vor sich sehen: den Felsen des Pan-Heiligtums mit seinen Grotten und Nischen und Statuen. Es ist eine Kampfansage gegen das alte, heidnische Vielgöttertum. Der neue Felsen tritt an die Stelle der alten Religionen, die hier, an diesem Ort, im Pan-Heiligtum symbolisiert sind. Und wenn Jesus hinzufügt, daß die Pforten der Hölle diese Gemeinde nicht überwältigen werden, dann geht der Blick in Caesarea Philippi unwillkürlich zur dunkelsten und tiefsten Höhle des Pan-Tempels. Die Vielzahl der antiken Kulte, allumfassend («Pan» = alles) an diesem Ort versinnbildlicht, führt nur in eine dunkle Welt finsterer Mächte, die trotz ihrer zahlenmäßigen Übermacht keine Chance gegen den Glauben an Jesus haben werden. Zu Recht werden Leser der Bibel, damals wie heute, auch die alten jüdischen Beziehungen hinter diesem Jesus-Wort sehen: zuerst mit Jesaja 38,10, wo der gleiche Ausdruck für den Tod gebraucht wird. In dem apokryphen, aber noch vorchristlichen Text der «Weisheit Salomos» 16,13 wird der Begriff ebenfalls so verwendet, und ähnlich erscheint der Gedanke in den Psalmen (z.B. Psalm 9,14 und 107,16). Das heißt: Neben der sichtbaren, geographischen, religionspolitischen Perspektive, die mit dem Ort Caesarea Philippi verbunden ist, haben wir auch die Verheißung, daß aus dem Glauben an Jesus das ewige Leben gewonnen wird. Der Tod hat keine Macht über die Mitglieder der Gemeinde Jesu. Die Pforten der Hölle, also genau genommen die Mächte des Todes, haben ausgespielt. Und das heißt schließlich auch: Die Gemeinde der Nachfolger bleibt ewig.

Aus der Frage, die Jesus stellte, erst an andere, dann an die Jünger, entwickelt sich ein Geflecht vielfältiger Beziehungen. Wir bewegen uns in einer wirklichen Welt. Glaube, Realpolitik, Religionsvielfalt und mutiges Bekenntnis kommen zusammen. Das klingt sehr modern und kaum nach längst vergangenen Zeiten. Der Frage von Jesus müssen wir uns in der Tat auch heute wieder aussetzen. Sie ist umso aktueller, je mehr wir die Gemeinsamkeiten unserer Gegenwart mit jener Epoche erkennen, in der die Frage zum erstenmal gestellt wurde.

*Johannes der Täufer fragt: «Bist du es, der da kommen soll, oder sollen wir auf einen anderen warten?»*

# 2. Kapitel

## *Johannes der Täufer fragt: «Bist du es, der da kommen soll, oder sollen wir auf einen anderen warten?» (Lukas 7,19)*

*Der Täufer war bereits im Gefängnis, als er durch seine Boten diese entscheidende Frage stellen ließ. Die Antwort von Jesus galt also einem Mann, der in letzter Lebensstunde Gewißheit haben wollte. Und Jesus bot keine theologische Erläuterung, keinen detaillierten Schriftbeweis, sondern verwies auf seine Wunder, in einer Aufzählung, die sich zu den «messianischen Wundern» steigert: Nur wer der von Gott Gesandte war, konnte so handeln. Gerade das, was heute vielen Menschen Schwierigkeiten bereitet, die Wunder Jesu, wird hier zur Tatsache von höchster Bedeutung. Es läßt sich zeigen, wie die Wundertaten des Messias von den Menschen verstanden wurden und daß auch seine schärfsten Gegner im Sanhedrin, die Sadduzäer, an der Tatsächlichkeit dieses Wundergeschehens nie zweifelten. Im Gegenteil: Die von Freunden und Gegnern gleichermaßen unbestrittene Echtheit dieser Wunder führte dazu, daß Jesus zum Gegenstand der Realpolitik wurde – denn die Repräsentanten der jüdischen Hierarchie konnten den Messias zu dieser Zeit, im alltäglichen Drahtseilakt des realen Lebens mit der römischen Verwaltung, auf keinen Fall gebrauchen. Dagegen standen jedoch die Hoffnungen vieler gläubiger Juden, wie sie in der Frage des Täufers deutlich wurden.*

### Familienangelegenheiten

Man könnte es eine Familienangelegenheit nennen: Jesus und Johannes der Täufer waren enge Verwandte, möglicherweise

Cousins. Das ist zwar nur ein kleines, häufig übersehenes Detail, doch für Lukas war es wichtig genug. Liebevoll berichtet er, wie sich ihre schwangeren Mütter Maria und Elisabeth noch kurz vor der Geburt des Johannes im Bergland von Juda trafen. Von Lukas erfahren wir auch, daß der Vater des Johannes, Zacharias, einer der turnusmäßig im Jerusalemer Tempel amtierenden Priester war. Und er fügt eine Notiz hinzu, die mit größter Selbstverständlichkeit ein altes Vorurteil über das geringe Bildungsniveau im Umfeld von Jesus ausräumt: Zacharias konnte mühelos schreiben (Lukas 1,63). Die spätere Begegnung zwischen Jesus und Johannes am Jordan hatte also einen beziehungsreichen Hintergrund. Da trafen zwei Männer zusammen, die beide ihren von Gott bestimmten Weg gingen und die schon im Mutterleib miteinander verwandt waren. Für die jüdischen Leser des Evangeliums und für ihr traditionelles Denken, in dem Stammbäume, Verwandtschaften und Erbfolgen eine große Rolle spielten, bot diese doppelte Beziehung einen wichtigen Hinweis auf das Besondere der späteren Ereignisse. Und es wird sofort noch etwas anderes sichtbar: Johannes und Jesus waren zuerst einmal jüdische Kinder, die in traditionell gläubigen Familien aufwuchsen.

Joseph, der Ziehvater von Jesus, gehörte als Bauhandwerker einem Berufsstand an, der unter den Rabbinen wegen seiner Frömmigkeit und umfassenden Bibelkenntnis weithin geachtet war, und Zacharias war sogar Priester. Elisabeth stammte von Aaron ab, was ihrem noch ungeborenen Sohn automatisch einen priesterlichen Stammbaum gab, der durch die Herkunft ihres Mannes Zacharias «aus der Priesterklasse Abija» noch verstärkt wurde. Maria dürfte, aufgrund ihrer engen Verwandtschaft mit Elisabeth, ebenfalls aaronitischer Herkunft gewesen sein; ihr Sohn Jesus wird jedoch durch die Ehe mit Joseph, der «aus dem Hause Davids» stammte, nach jüdischem Recht zugleich ein Nachfahre Davids, obwohl Joseph nicht der leibliche Vater war.

Nun darf man natürlich nicht übersehen, daß rund eintausendvierhundert Jahre nach Aaron und rund eintausend Jahre nach David rein statistisch zahlreiche Nachkommen beider Linien lebten. Das ist genauso richtig wie die Tatsache, daß Joseph, Maria, Elisabeth, Johannes und Jesus zu den beliebtesten jüdischen Namen dieser Zeit gehörten. Statistische Häufigkeit sagt allerdings nichts über oder gegen die traditionelle Voraussetzung, daß der Messias aus dem Hause Davids kommen würde. Einige Gruppierungen unter den Juden, darunter wohl auch manche Essener, erwarteten noch einen zweiten, priesterlichen Messias, der seinerseits aus dem Hause Aarons kommen sollte. Das führte, wie wir noch sehen werden, zu der Frage an Johannes, ob er vielleicht der Messias sei; und für Jesus bedeutete es, daß er beide Voraussetzungen mitbrachte: In erster Linie war er nach jüdischem Abstammungsdenken Davidide, doch dank der Herkunft seiner Mutter konnte er auch als Nachfahre Aarons gesehen werden. Was die beiden Verwandten Johannes und Jesus von Geburt an miteinander verband, trennte sie dann auch wieder – selbst im Detail der Herkunft war Jesus mehr als sein Vetter. Schon in der Wiege war es angelegt, was Johannes später zu Recht öffentlich sagte: Er war der Vorläufer, der Rufer in der Wüste; Jesus war die Erfüllung – der Sohn Gottes (Johannes 1,34).

## Unter Propheten

Als die Jahre des öffentlichen Wirkens gekommen waren, trat Johannes nicht nur als «Täufer» auf. Zuerst und vor allem war er ein prophetischer Prediger. So wurde sein Aufruf zur Umkehr weithin als ein Indiz für die messianische Endzeit verstanden. Und da er von einem priesterlichen Geschlecht abstammte, lag es für viele Juden nahe, ihn kaum verhüllt nach seinem messianischen Auftrag zu fragen: «Wer bist du?» Johannes erklärte, wohl wissend, daß unter manchen Juden, vor allem auch unter manchen Essenern, ein aaronitischer Messias erwartet wurde, daß er es nicht sei – weder dieser noch ein anderer Messias, sondern die vorbereitende Stimme des Rufers in der Wüste (Lukas 3,4). Die Wüste hatte für Johannes und für Jesus höchste heilsgeschichtliche Bedeutung. Wenn der Täufer seine Jugend dort verbrachte (Lukas 1,80), dann ist es kein Zufall, daß Lukas uns nicht mitteilt, wo genau das war. Als Jesus vierzig Tage in der Wüste fastete (Lukas 4,1–2), erfahren wir erneut nicht, welche Wüste das war. Die Wüste Judäas? Die Wüste Negev? Worum es vielmehr geht, das ist der uralte prophetische Hintergrund: Nach dem Buch Hosea, Kapitel 2,16–25, führt Gott sein Volk noch einmal in die Wüste, um eine neue Zeit des Heils vorzubereiten. Und so sagt es ja ausdrücklich auch die für Johannes so wichtige Jesaja-Stelle, Kapitel 40,3: «In der Wüste bereitet dem Herrn einen Weg, macht in der Steppe eine ebene Bahn unserm Gott!» Immer wieder wurde das Heil Israels in der Wüste vorbereitet, nicht nur unter Mose, auch noch unter Daniel und zur Zeit der Makkabäer, die ihre großen Siege im Freiheitskampf des 2. Jahrhunderts v. Chr. in der Wüste errangen. Auch eine Qumran-Schriftrolle faßte das so auf: 1QS 8,13–14, ein Abschnitt aus der «Gemeinderegel», legt nahe, daß die Essener sich gerade auch deswegen an den östlichsten Rand der Wüste Juda zurückzogen, weil sie sich hier auf das messianische Zeitalter vorbereiten wollten. Daß sich Jesus in der Wüste wappnete, durch Fasten und im Widerstand gegen satanische Versuchungen, das war vor diesem Hintergrund ebenso bedeutsam wie die lange Zeit der inneren Vorbereitung, die Johannes der Täufer dort verbrachte.

Um diese Pointe noch etwas deutlicher zu machen, entscheidet sich Lukas wie die anderen drei Evangelisten für eine kleine Umstellung des ursprünglich ja hebräischen Jesaja-Satzes: Jesus und der Täufer waren bereits in der Wüste, der Täufer hatte sich in der Wüste auf seine Rolle als Rufer vorbereitet, das Prophezeite war in Erfüllung gegangen, also lesen wir nun: «Es ist eine Stimme eines Predigers in der Wüste: Bereitet den Weg des Herrn» (Lukas 3,4) – während es im hebräischen Text, den auch die große hebräische Jesaja-Rolle aus der Qumran-Höhle 1 bestätigt, mit einer kleinen Nuance noch so hieß: «Es ruft eine Stimme: In der Wüste bereitet dem Herrn den Weg.» Sollte das nur die Frage der richtigen Stellung eines Satzzeichens oder einer Sprechpause sein? Nein – denn auch die griechische, jüdische Übersetzung des Jesaja, die aus dem 3. und 2. vorchristlichen Jahrhundert stammt, verstand den Satz schon so, wie Lukas ihn wiedergibt. Und wieder einmal sehen wir, wie reichhaltig bereits im Judentum vor Jesus das messianische Erwarten war. In der Wüste den Messias verkünden, sich in der Wüste messianisch vorbereiten: Es ist da kein Widerspruch zwischen altem hebräischem und altem griechischem Text, sondern eine Gleichung, die erst in Johannes und Jesus aufging.

Und es kam noch etwas hinzu, was unter Juden zunehmend wichtig wurde: Während man einerseits die Wüste ganz wörtlich nahm, hatte sie in dieser Zeit auch eine übertragene, metaphorische Bedeutung. Schon die Ansiedlung des östlichen «Hauptquartiers» der Essener nicht mitten in der Wüste, sondern an ihrem Rand, im alten Sechacha (Josua 15,61), das heute Qumran genannt wird, weist darauf hin: Man konnte den Ort durchaus noch in der Wüste Juda lokalisieren, aber er lag unmittelbar bei der damals wie heute sehr fruchtbaren Oase En Fekhsha und an der wichtigen Handelsstraße zwischen Jerusalem, Jericho und dem Roten Meer, keineswegs in völliger wüstentypischer Einsamkeit. Und die in Qumran gefundene Kriegsrolle 1QM unterstreicht die wohl bewußte Mehrdeutigkeit. In dem fragmentarischen Abschnitt 1QM 1,3 wird «Wüste» nämlich übertragen auf das Leben der Völker fern von Gott: «... wenn die ins Exil gegangenen Söhne des Lichts aus der Wüste der Völker zurückkehren, um in der Wüste Jerusalems zu lagern», heißt es in diesem Bruchstück – und dahinter steht einmal mehr das Wort Gottes im Fünfbuch des Mose, in der Torah (3. Mose 26,40–45).

Die Leser der Jesaja-Stelle vom Rufer der Wüste hatten also die Möglichkeit, Gottes Verheißung auch als Trost und Zuspruch in einer geistlichen Ödnis zu verstehen. Der Beginn der Jesaja-Stelle, Kapitel 40,1, weist in diese Richtung: «Tröstet, tröstet mein Volk! ruft euer Gott». Und der griechische Text, die vorchristliche Septuaginta, fügt in Vers 2 noch ausdrücklich die Verkündiger hinzu. Heißt es im hebräischen Text: «Redet mit Jerusalem freundlich und predigt ihr», so steht dort: «Redet, ihr Priester, zum Herzen Jerusalems, tröstet es, denn seine Erniedrigung hat ein Ende ...» So konnte dann ein Prediger wie Johannes, der selbst aus priesterlichem Geschlecht stammte, gerade unter jenen Juden, die mit der griechischen Nuancierung des Jesaja-Textes vertraut waren – und das waren auch in dieser Gegend sehr viele –, als eine personifizierte Erfüllung dieser Priesterfunktion verstanden werden.

Manche Juden hielten Johannes für den wiedergekommenen Elia oder einen Propheten, also für einen der unmittelbaren Vorläufer des Messias. Da sich Johannes ähnlich wie Elia kleidete, war das kein ganz abwegiger Gedanke. Und die Wahl eines der Tauforte, beim Jordan, entsprach auch noch der Ortsangabe für die Himmelfahrt des Elia (2. Könige 2,7–11). Aber wie so oft in den Evangelien, so geht es auch hier wieder um mehr als nur um prophetische Erfüllung. Johannes hatte von allen und allem etwas in sich. Und zugleich war sein Auftreten völlig neuartig. Bußprediger hatte es oft gegeben in der Geschichte des Judentums. Doch einen Bußprediger, der zur Bekräftigung der vollständigen Reue einen einmaligen Reinigungsakt vollzog: So etwas kannte man noch nicht. Propheten des Messias waren allen frommen Juden geläufig. Einen Propheten aber, der auf den neben ihm stehenden, Mensch gewordenen Messias zeigen konnte, den hatte es noch nie gegeben. Die Kernstelle, die von den Evangelisten benutzt wird, ist folgerichtig dem größten aller auf den Messias vorausweisenden Prophetenbücher entnommen.

Hören wir noch einmal Jesaja 40,3–5: «Es ruft eine Stimme: In der Wüste bereitet dem Herrn den Weg, macht in der Steppe eine ebene Bahn unserm Gott! Alle Täler sollen erhöht werden, und alle Berge und Hügel sollen erniedrigt werden, und was uneben ist, soll gerade, und was hügelig ist, soll eben werden; denn die Herrlichkeit des Herrn soll offenbart werden, und alles Fleisch miteinander wird es sehen.» Und Lukas berichtet, wie das alte Prophetenwort Gestalt annimmt; ganz konkret wird aus der «Herrlichkeit Gottes» eine Person, der Heiland: «Alle Menschen werden den Heiland Gottes sehen!» (Lukas 3,6).

## Eine ungewöhnliche Taufe

Als Jesus zu ihm an den Jordan kam, traf Johannes, der sprichwörtliche «Rufer in der Wüste», eine Entscheidung. Er erkannte und sagte es allen, die ihm zuhören wollten: Jesus war dieser Herr und Heiland. Gott selbst bestätigte es mit der «Stimme vom Himmel herab: Dies ist mein lieber Sohn, an dem ich Wohlgefallen habe» (Matthäus 3,17). Und auch das, was wie eine Taube in diesem Augenblick sichtbar auf Jesus herabkam, galt im Judentum in der Tat als ein unverkennbares Zeichen Gottes. Noch um 100 n. Chr. konnte ein berühmter Rabbi den heiligen Geist Gottes als Taube interpretieren: Der Talmud-Traktat Hagigah 15 a zitiert Rabbi Ben Zoma, der in seinem Kommentar zu 1. Mose 1,2 schrieb, Gottes Geist schwebte über dem Wasser «wie eine Taube über ihren Jungen schwebt, ohne sie zu berühren».

Nach diesem Ereignis begann Jesus sein eigenes öffentliches Wirken, während Johannes weiter als Prediger, Prophet und Täufer durch Israel zog und eigene Jünger heranbildete. Auf die Spuren dieser Jünger stieß noch Jahrzehnte später der Apostel Paulus (Apostelgeschichte 19,1–7). Der Ruhm des Johannes Bar Zacharias muß beachtlich gewesen sein. Selbst der jüdische Historiker Flavius Josephus, der ein Zeitgenosse der Evangelisten war, widmete ihm einen längeren Abschnitt seiner «Jüdischen Altertümer» (18, 116–119). Und dieser Josephus, ein ehemaliger Pharisäer, der in seiner Jugend auch bei Sadduzäern und Essenern studiert hatte, stellte Johannes als eine einzigartige Persönlichkeit dar. So sehr sei er ein edler, anziehender Mann Gottes gewesen, daß die Niederlage, die das Heer des Herodes in einer Schlacht gegen den Araberkönig Aretas erlitt, von manchen Juden als Gottes Strafe für die Hinrichtung des Täufers verstanden wurde.

Mit keinem Wort deutete Josephus an, der Täufer könnte schlicht ein Essener gewesen sein. Das ist ein moderner Irrtum, der nur aufkommen konnte, weil auch die Qumran-Essener sich mit Wasser von Unreinheiten reinigten. Josephus wußte noch, was wir inzwischen den Schriftrollen von Qumran wieder zweifelsfrei entnehmen können: Die essenische «Taufe» wurde mehrmals, bei stets wiederkehrenden unreinen Berührungen und Handlungen vollzogen, und zwar als Selbstreinigung. Es gab dafür durchaus auch einen biblischen Präzedenzfall: In Hesekiel 36,25 sagt Gott, er werde reines Wasser über sein Volk sprengen, damit es rein wird – «von all eurer Unreinheit und von all euren Götzen will ich euch reinigen». Die Essener sahen sich als die Gemeinschaft der Gläubigen am Ende der Zeiten, auf die ein solches Gotteswort zutraf. Sie bezogen sich darauf in ihrer «Gemeinderegel», 1QS 2,25 – 3,12 und 4,20–22. Aber sie variierten es in ihrer Anwendung durch die ständige Selbsttaufe. Johannes dagegen trat nun wie die tatsächliche Erfüllung dieser Prophetenstelle auf. Seine Taufe geschah ein für allemal, nicht durch die Betroffenen selbst, sondern durch einen anderen, nämlich durch den Täufer. Der Historiker Josephus ließ sich auch nicht dadurch zur Behauptung einer Beziehung zwischen Johannes und den Essenern verleiten, daß eine der Taufstellen des Johannes offenbar nur einige Kilometer von Qumran entfernt nahe beim Einfluß des Jordan ins Tote Meer lag. Auf den Gedanken, daß räumliche Nähe gleichbedeutend mit gedanklicher Nähe sein soll, muß ein nachdenkender Leser der Quellen auch keineswegs kommen.

Weil aber Johannes nicht nur ein Täufer war, sondern vor allem ein aufrüttelnder Bußprediger, der nicht zögerte, auch die Mächtigen schonungslos zu entlarven, hatte er nicht nur Anhänger und Bewunderer. Seine öffentliche Anklage gegen Herodes Antipas wegen dessen Ehebruch mit der Frau seines Bruders Philippus machte ihn unter frommen Juden eher noch populärer, denn er sprach aus, was alle wußten – das Verhalten des Tetrarchen Herodes Antipas widersprach dem jüdischen Gesetz. So betont denn auch Josephus, daß Antipas vor allem wegen der großen, Unruhe stiftenden Popularität des Täufers gegen ihn vorging. Was auch immer dann im einzelnen geschah, gehört jedenfalls zu den offenbar anregendsten Geschichten des Neuen Testaments: Zahllose Gemälde befassen sich mit dem Tanz der Salome (ein Name, der in den Evangelien gar nicht genannt wird) und der Köpfung des Johannes; es gibt Theaterstücke und sogar eine Oper, die berühmte «Salome» von Richard Strauss nach dem gleichnamigen Drama von Oscar Wilde.

Über die Evangelien hinaus können wir konkret jedoch nur noch eins erfahren: Johannes wurde von Herodes Antipas auf der Festung Machaerus hingerichtet, die schräg gegenüber von En Gedi auf der heute jordanischen Seite des Toten Meeres liegt. Und dort, auf Machaerus, befand er sich, als er einige seiner Jünger zu Jesus schickte, um ihm die entscheidende Frage zu stellen: «Bist du es, der da kommen soll, oder sollen wir auf einen andern warten?» Es war weit mehr als die private Frage eines Todgeweihten, der in letzter Stunde Gewißheit erhalten wollte. Der Einfluß des Täufers war groß unter gläubigen Juden, und die Nachricht, die ihm seine Jünger von Jesus überbringen sollten, würde auch über seinen Tod hinaus Konsequenzen haben. Denn wäre die Antwort aus der Sicht des Johannes und seiner Jünger unbefriedigend, dann müßte sich das auf die Haltung der anderen auswirken: Ein Messias-Prätendent, der noch in letzter Minute von Johannes dem Täufer abgelehnt wurde, hatte keine Chance, Anhänger unter frommen Juden zu gewinnen.

## Ein letzter Zweifel

Die Frage des Johannes war ebenso knapp wie präzise. «Bist du es, der da kommen soll?» Und dann, um keinen Zweifel daran aufkommen zu lassen, wie ernst er und seine Anhänger es mit der messianischen Hoffnung meinten: «Oder sollen wir auf einen andern warten?» Obwohl der Ausdruck «der da kommen soll», «der Kommende», keine feststehende Messias-Formel war, ist völlig klar, was Johannes meinte. Man kannte die Redewendung immerhin als Bezeichnung für einen von Gott Gesandten: Psalm 118,26 spricht so, und von vielen Juden wurde Jesus später, in Jerusalem, mit genau diesem nun in Erfüllung gegangenen Psalmwort begrüßt: «Hosianna dem Sohn Davids! Gelobt sei, der da kommt in dem Namen des Herrn!» Johannes hatte noch selbst am Jordan von dem nach ihm Kommenden gesprochen, der «mit dem heiligen Geist und mit Feuer taufen» und die Spreu vom Weizen trennen und den Weizen in die Scheune bringen wird. Die Spreu aber, so hatte Johannes vorausgesagt, «wird er verbrennen mit unauslöschlichem Feuer». Und da lag das Problem: Johannes der Täufer und seine Jünger waren nicht restlos überzeugt, denn Jesus hatte noch nichts von dem getan, was der Täufer angekündigt hatte. Keine Geisttaufe, keine Feuertaufe, kein Verbrennen der Spreu mit unauslöschlichem Feuer war bis zu diesem Zeitpunkt sichtbar geschehen.

Und noch etwas anderes irritierte im asketischen Umfeld des Johannes, wo man sich einfach kleidete und karg ernährte: Die Pharisäer und die Jünger des Johannes fasteten viel und regelmäßig, die Jünger von Jesus dagegen wurden öffentlich nicht beim Fasten beobachtet. Das fiel auf und veranlaßte die Johannesjünger, kritisch nachzufragen (Matthäus 9,14). Schlimmer noch: Jesus selbst aß «mit Zöllnern und Sündern» (Matthäus 9,11). Beide Verhaltensweisen schienen weit vom herkömmlichen Messiasbild entfernt zu sein. Vergessen wir nicht, daß selbst ein Simon Petrus noch bis in den Garten Gethsemane hinein einen glorreich triumphierenden Messias erwartete, der mit militärischer Himmelsmacht die Römer und alle anderen Feinde besiegen würde. Gerade am Beispiel des Fastens können wir sehen, wie wichtig die Details sind. Auf der einen Seite stehen jene Juden, die nicht nur an hohen Festtagen, sondern mehrmals wöchentlich fasteten. Viele von ihnen meinten es ernst, für andere war es längst nur noch ein öffentlich zu zelebrierendes Ritual. Johannes und seine Jünger wollten mit ihrem Lebensstil ein Zeichen setzen, aus tiefster Frömmigkeit heraus. Die Pharisäer dagegen – so konnte es scheinen – wollten beim rituellen Fasten geradezu beobachtet und bewundert werden. Jesus kritisierte ihr Verhalten: «Wenn ihr fastet, sollt ihr nicht sauer dreinsehen wie die Heuchler; denn sie verstellen ihr Gesicht, um sich vor den Leuten zu zeigen mit ihrem Fasten. Wahrlich, ich sage euch, sie haben ihren Lohn schon gehabt» (Matthäus 6,16). Fasten ist kein Ritual, sondern ein wesentlicher Bestandteil aufrichtiger Lebensführung: «Wenn du aber fastest, so salbe dein Haupt und wasche dein Gesicht, damit du dich nicht vor den Leuten zeigst mit deinem Fasten, sondern vor deinem Vater, der im Verborgenen ist; und dein Vater, der in das Verborgene sieht, wird dir's vergelten» (Matthäus 6,17–18). Das heißt natürlich: Jesus untersagt seinen Jüngern das Fasten nicht, er will es allerdings vorbereitet wissen. Und vor allem: Es soll nicht öffentlich, sondern im Verborgenen geschehen.

Daher kann Jesus den Jüngern des Johannes, die ihn neugierig und wohl auch vorwurfsvoll fragten, warum seine Jünger nicht fasteten, mit dem Bild vom Hochzeitsmahl antworten. Der Bräutigam – Jesus – ist bei seinen Jüngern. Das Hochzeitsmahl wird gefeiert. Da fastet niemand öffentlich, um Bußfertigkeit oder Trauer zu zeigen. Der Tag des Abschieds wird kommen – Jesus spielt hier auf seine Kreuzigung an –, und dies wird dann in der Tat ein Tag des Fastens sein. Fasten mit Sinn, Fasten aus einem konkreten Anlaß, Fasten auch zur Vorbereitung auf besondere Taten, das alles wird von Jesus unterstützt. Nur das eine darf nicht geschehen: Es darf kein Automatismus werden. Um es anders zu sagen: Karger Lebensstil, Fasten in aller Öffentlichkeit, das Vermeiden verachteter, ausgesonderter Menschen und Gruppen – all das gehörte nicht zum Wesen des Messias, das Jesus verkörperte. Johannes und seine Jünger sollten das erkennen. Und das war keine Selbstverständlichkeit. Frommen, orthodoxen Juden lag das andere Denken immer noch näher.

Die Frage des Johannes aus dem Gefängnis war jedenfalls nur zu berechtigt, seine Unsicherheit nur zu verständlich. In der Tat: Sollte Johannes sich getäuscht haben? War Jesus vielleicht doch nur ein weiterer Vorläufer, wie das ja offenbar später noch viele Juden auf die Meinungsumfrage bei Caesarea Philippi antworteten? Oder war der Zeitpunkt der messianischen Offenbarung noch nicht gekommen? Es stand viel auf dem Spiel, und wir können uns gut vorstellen, wie die Umstehenden mit angehaltenem Atem auf die Antwort warteten.

Was hätte Jesus sagen können? Vielleicht ganz einfach: «Ja, ich bin es, vertraue mir.» Oder auch: «Erinnere dich, mein lieber Vetter, was Maria deiner Mutter erzählte, von Gabriels Botschaft damals vor fünfunddreißig Jahren in Nazareth.» Oder: «Weißt du noch, wie die Taube des heiligen Geistes kam, als du mich tauftest? Meine Stunde ist noch nicht gekommen.»

Manchen Zeitgenossen hätte das wohl gereicht, und wir heute, als Leser der vollständigen Evangelien im Rückblick auf Kreuzigung und Auferstehung, hätten an solchen Antworten kaum etwas auszusetzen. Aber Jesus ging anders vor. Er verstand, daß Johannes nur deswegen unsicher geworden war, weil er noch nicht die erwarteten *Taten* gesehen hatte. So antwortete er mit einer Aufzählung von Taten, die bereits geschehen waren. Und der aufmerksame, jüdisch gebildete Zuhörer und Leser verstand sofort, worauf diese Aufzählung hinauslief. «Geht und berichtet Johannes, was ihr hört und seht: Blinde sehen und Lahme gehen, Aussätzige werden rein und Taube hören, Tote stehen auf, und Armen wird das Evangelium gepredigt. Und selig ist, wer sich nicht an mir ärgert.»

## Taten, die sprechen

Jesus war ein Lehrer, der auch deswegen so viel Anklang fand, weil er eingängig und prägnant formulieren konnte. Was er sagte, ließ sich leicht merken, auch wenn nicht immer gleich die ganze Tiefe der Rede zu verstehen war. Genau so ist es auch hier. Die Antwort wird eingeleitet mit dem Appell an die Jünger des Johannes: Hört zu und seht hin. In einer noch heute beliebten rhetorischen Umdrehung der Glieder beginnt Jesus dann nicht mit dem, was zu hören ist, sondern mit dem zu Sehenden, um schließlich im dritten Teil seiner Antwort erneut an seine Zuhörer zu appellieren. Aber wichtiger noch als die kunstvolle, wirksame Formulierung ist die Abfolge der

Beispiele, mit denen Jesus beweist, daß er der erwartete Messias ist:

- Blinde sehen *(vor der Begegnung mit den Jüngern des Johannes erfüllt in Matthäus 9,27–30)*
- Lahme gehen *(Matthäus 8,5–13; 9,2–7)*
- Aussätzige werden rein *(Matthäus 8,2–3)*
- Taube hören *(indirekt Matthäus 4,23 und 9,35; zeitlich nach der Begegnung mit den Täuferjüngern: Markus 7,31–37)*
- Tote stehen auf *(Matthäus 9,18–25)*
- Armen wird das Evangelium gepredigt *(Matthäus 5,3)*

Vergessen wir nicht, daß die Jünger des Johannes und die Jünger von Jesus, die dabeistanden, in der Heiligen Schrift zu Hause waren. Keine Anspielung, kein Zitat, das in irgendeiner Weise mit messianischer Erwartung und dem Ende der Zeiten zu tun hatte, würde ihnen entgehen. Was Jesus den Täufer-Jüngern antwortete, war geradezu durchtränkt mit biblischer Sprache. Die wenigen, sorgfältig ausgewählten Beispiele dieser Liste kamen mit einer für uns kaum noch nachvollziehbaren messianischen Macht daher – man könnte fast von geistlichen Hammerschlägen sprechen. Sofort war der unmittelbare Zusammenhang zu erkennen: Jesus erinnerte an Jesaja 35,4–6. Das war eine der großen Prophezeiungen zukünftigen Heils, mit der die Juden gerade zur Zeit des Täufers eng vertraut waren. Sie lebten ja unter der römischen Fremdherrschaft, sahen sich auch in ihrer religiösen Freiheit bedroht durch fremde Kaiser, die sich «Söhne Gottes» nannten, und erwarteten vom Messias die Befreiung. «Sagt den verzagten Herzen: ‹Seid getrost, fürchtet euch nicht!›», steht bei Jesaja. «‹Seht, da ist euer Gott! Er kommt zur Rache; Gott, der da vergilt, kommt und wird euch helfen.› Dann werden die Augen der Blinden aufgetan und die Ohren der Tauben geöffnet werden. Dann werden die Lahmen springen wie ein Hirsch, und die Zunge der

Stummen wird frohlocken.» Und das war noch nicht alles. Denn eine weitere Jesaja-Prophezeiung (Jesaja 29,18–20) brachte die Politik ins Spiel, unter der die Menschen litten, und sprach von den Armen, denen Gott sich zuwendet: «Zu der Zeit werden die Tauben hören die Worte des Buches, und die Augen der Blinden werden aus Dunkel und Finsternis sehen; und die Elenden werden wieder Freude haben am Herrn, und die Ärmsten unter den Menschen werden fröhlich sein in dem Heiligen Israels. Denn es wird ein Ende haben mit den Tyrannen und mit den Spöttern aus sein, und es werden vertilgt werden alle, die darauf aus sind, Unheil anzurichten.» Und noch ein drittes Mal erkennen wir Jesaja im Hintergrund (Jesaja 26,19). Das Volk Gottes wendet sich an den Herrn und ruft aus: «Deine Toten werden leben, deine Leichname werden auferstehen. Wachet auf und rühmet, die ihr liegt unter der Erde! Denn ein Tau der Lichter ist dein Tau, und die Erde wird die Toten herausgeben.»

Das war nun ausgesprochen spannend. Denn die Jesaja-Stellen beinhalten beides: Prophezeiungen, die Jesus bereits erfüllt hatte, und eine, die noch ausstand. Entscheidend aber war der Zusammenhang: Die zeitlich letzte Erfüllung, nämlich die des Untergangs der Tyrannen und der Unheilstifter, war ja offensichtlich nicht zeitgleich mit den anderen Ereignissen zu verstehen, sondern als eine spätere Folge (vgl. Jesaja 29, 18–20). Und noch etwas fiel sofort auf: Eine der zu sehenden Taten, die Jesus vollbrachte, wird weder bei Jesaja noch in irgendeiner anderen alttestamentlichen Stelle im Zusammenhang mit Gottes Heilshandlungen erwähnt: daß die Aussätzigen rein werden. Und eine der zu hörenden Taten, die Predigt der guten Nachricht für die Armen, ist bei Jesaja zuerst noch passiv und eher vage beschrieben. Jesus dagegen erklärt, daß er selbst es ist, der verwirklicht, was bei Jesaja angekündigt wird: «Die Elenden werden wieder Freude haben am Herrn, und die Ärmsten werden wieder fröhlich sein in dem Heiligen Israels.» Jesus ist die Verwirklichung dieser Ankündigung. Die Elenden und Ärmsten werden wieder fröhlich sein, weil Gott, weil er selbst, der Mensch gewordene Heilige Israels, ihnen das Evangelium predigt. Und das griechische Wort «Evangelium» heißt nichts anderes als die gute, die fröhlich machende Nachricht. So lesen wir es schließlich fast am Ende des Jesajabuchs, im 61. Kapitel (61,1): «Der Geist Gottes des Herrn ist auf mir, weil der Herr mich gesalbt hat. Er hat mich gesandt, den Elenden gute Botschaft zu bringen, die zerbrochenen Herzen zu verbinden, zu verkündigen den Gefangenen die Freiheit, den Gebundenen, daß sie frei und ledig sein sollen.» Diese Prophezeiung könnte gar nicht messianischer sein. Der «Gesalbte», das ist wörtlich der Meschiach, also der Messias. Und wie wir bereits wissen, entspricht das hebräische Wort «Messias» dem griechischen «Christus». Diese Jesaja-Stelle bedeutete Jesus viel. Einige Zeit zuvor hatte er sie in der Synagoge von Nazareth vorgelesen und ausdrücklich hinzugefügt: «Heute ist dieses Wort der Schrift erfüllt vor euren Ohren» (Lukas 4,16–21). Jesus erklärte dort wie nun auch hier mit unüberbietbarer Deutlichkeit, daß er der Messias Gottes ist, der also, der da kommen soll. Nicht nur vollbrachte er die messianischen Wunder, von denen der Prophet sprach, er fügte sogar noch eines hinzu, das für die Menschen dieser Zeit größte Signalwirkung hatte – er heilte die Aussätzigen, die, von aller menschlichen Gesellschaft abgesondert, mehr vegetierten als lebten. Darin und in der Fülle seiner Taten übertraf Jesus alle Vorläufer, auch Elia.

Johannes sollte verstehen, daß die Ereignisse, von denen er sicher längst wußte, im Zusammenhang gesehen werden mußten und nur *einen* Schluß zuließen: Jesus war tatsächlich dieser eine, dessen Vollmacht hinausging über alles, was man bisher erlebt hatte. Er erfüllte nicht nur die messianischen Voraussagen der Heiligen Schrift, sondern übertraf sie sogar noch. Und bei all dem trat er nicht triumphierend auf. Er verwies nicht stolz auf seine Leistungen, sondern ließ die Beobachter selbst zur Erkenntnis kommen. Seht hin, hört zu, und ihr werdet verstehen.

Noch etwas geradezu Unerhörtes kam dazu: Während Johannes selbst keine Wunder vollbrachte und allem Anschein nach auch seine Jünger keine entsprechenden Kräfte besaßen, hatte Jesus seinen eigenen Jüngern diese Wundervollmacht anvertraut. Umfassend, ja sogar noch weiterführend war nämlich die Aufzählung bei der Aussendung seiner zwölf Jünger in Galiläa: «Geht aber und predigt und sprecht: Das Himmelreich ist nahe herbeigekommen. Macht Kranke gesund, weckt Tote auf, macht Aussätzige rein, treibt böse Geister aus» (Matthäus 10,7–8). Wer Jesus folgt und sich von ihm beauftragen läßt, kann Ungeheures vollbringen. Sogar Totenauferweckungen gehörten denn auch später noch, in apostolischer Zeit, zu den Taten, mit denen Petrus und Paulus hervortraten.

Jesus meinte seine Zusagen ganz ernst, und wir dürfen sie durchaus wörtlich nehmen. Was auch immer einst an den prophetischen Worten des Jesaja symbolisch gewesen sein mag, gesprochen mit der Macht der Bilder, die das Großartige der endzeitlichen Heilstaten Gottes beschreiben sollten: Bei Jesus wird daraus konkretes Handeln, eine vielfach beobachtete und bezeugte Wirklichkeit und eine Kraft, die er, der Sohn Gottes, an andere weitergeben konnte.

## Spuren in den Rollen

Bei der Suche nach den Quellen für diese Zeit sind wir wie im ersten Kapitel so auch hier immer wieder einmal auf die Schriftrollen vom Toten Meer gestoßen. Seit ihrer Entdeckung vor über fünfzig Jahren haben sie zahllose Schneisen in die unvollkommenen Vorstellungen von der Vielfalt des jüdischen

Glaubens geschlagen. Manche Interpreten sind dabei in ihrer Begeisterung über das Ziel hinausgeschossen und haben neue Vorurteile in die Welt gesetzt. Einem dieser weitverbreiteten Schnell- und Trugschlüsse sind wir in diesem Kapitel bereits begegnet – der Idee, Johannes der Täufer könnte selbst ein praktizierender oder ehemaliger Essener gewesen sein. Richtig und vorsichtig benutzt, sind die Schriftrollen, die bei Qumran gefunden wurden, allerdings eine nahezu unerschöpfliche Sammlung von Informationen über die Hoffnungen und Erwartungen tiefgläubiger Juden. In den hebräischen und aramäischen Rollen und Fragmenten kommen Jesus, der Täufer, Jakobus oder Paulus nicht vor, weder namentlich noch verschlüsselt, auch wenn das in manchen Sensationsbüchern behauptet wurde. Schon zeitlich geht das nicht – wie die vergleichende Handschriftendatierung und die Radiokarbon-Analyse (C-14-Datierung) übereinstimmend gezeigt haben, waren jene Rollen längst geschrieben, ehe Jesus und die anderen überhaupt geboren wurden. Doch was in den Rollen zu lesen ist, war keineswegs die esoterische Geheimliteratur einer Sekte. Viele der Schriften waren allgemein unter den Juden zur Zeit Jesu – und schon davor – beliebt.

Das Buch Henoch z.B., das auch im neutestamentlichen Brief des Judas zitiert wird, steht nicht in der Bibel, wurde jedoch in Qumran gleich mehrfach gefunden. Die Regeln der Qumran-Gemeinschaft, die Psalmen, Gesänge und die Bibelkommentare, die dort erarbeitet wurden, fanden ebenfalls weite Verbreitung. Man mußte nicht Essener sein oder werden, um zu lesen, was dort geschrieben wurde. Und umgekehrt sammelten und lasen die Bewohner von Qumran vieles, was andere jüdische Gruppierungen verfaßten, die auf den Messias und das Ende der Zeit warteten. So kamen beispielsweise vor 68 n. Chr. auch einige griechische Rollen der messianischen Juden in die Bibliothek von Qumran, die viele Jahrzehnte später unter dem Namen «Evangelium nach Markus» und «1. Brief an Timotheus» zu Teilen des Neuen Testaments wurden. Es lohnt sich daher immer wieder neu, in den Qumranrollen nachzusehen, ob neutestamentliche Themen schon diesen Juden bekannt waren – und falls ja, wie sie damit umgingen. Für das Umfeld Johannes des Täufers kommt bei dieser Suche einiges heraus:

Unter der Nummer 4Q 521 ist ein Fragment aus der vierten Qumran-Höhle bekanntgeworden, das sich mit Zukunftsfragen befaßt und der bisher einzige Qumranfund ist, in dem ausdrücklich von einer Auferstehung gesprochen wird. Und in dieser nicht mehr vollständig erhaltenen Schriftrolle werden auch die Wunder aufgezählt, die Gott beim Kommen des Messias wirken wird. Die Ähnlichkeit mit der Antwort, die Jesus den Jüngern des Johannes gibt, ist unverkennbar. Wie wir schon sahen, waren die einzelnen Elemente dieser Antwort in verschiedenen Jesaja-Stellen wiederzufinden – mit der einen Ausnahme, der Heilung der Aussätzigen. Von den Aussätzigen spricht auch der Qumrantext nicht, aber anders als Jesaja bietet er die unmittelbare Verbindung des Wunders der Auferstehung mit der Predigt der guten Botschaft an die Armen. So könnte man den Eindruck gewinnen, daß diese Nähe von Auferstehung und Verkündigung für die Armen (und Elenden) eine Besonderheit ist, die für Qumran-Essener und Jesus gleichermaßen wichtig war. Mehr noch: Da Jesus das eigens hervorhebt, könnte man auch vermuten, daß er unter seinen Zuhörern eine besondere Reaktion erwartete, eine Art «Aha-Erlebnis». Ganz so glatt geht das allerdings dann doch nicht auf, denn obwohl die unmittelbare Verbindung dieser beiden Glieder zweifelsfrei besteht, hört die Antwort, die Jesus gibt, mit diesem Höhepunkt auf, während der Qumrantext hier als Fragment abbricht, aber offensichtlich mit weiteren Wundern und Taten der messianischen Zeit weiterging. So endet das zweite Fragment aus der Rolle 4Q 521 mit dem folgenden Text:

«Denn der Herr wird die Frommen aufsuchen und die Gerechten beim Namen nennen. Sein Geist wird über den Armen schweben und wird die Gläubigen in seiner Stärke erneuern. Und er wird die Frommen auf dem Thron seines ewigen Königreichs ehren. Er wird die Gefangenen befreien, er wird die Augen der Blinden öffnen, er wird die Erniedrigten erheben. [...] Und der Herr wird große Dinge tun, die noch nie zuvor vollbracht wurden, wie er es versprach. Denn er wird die Verwundeten heilen, er wird die Toten auferwecken und den Armen die gute Nachricht bringen. Er wird [...], er wird die Entwurzelten führen und Wissen [...] und [...].»

Wir dürfen durchaus vermuten, daß ein Text wie 4Q 521 nicht nur in Qumran bekannt war. Auch die Essener benutzten Jesaja, so wie Jesus es tat. Ihre Gemeinsamkeiten sind also in erster Linie die Gemeinsamkeiten, die beide – Jesus und der Qumrantext – mit Jesaja haben. Die Verbindung von Auferstehung und Armenverkündigung könnte ein Zufall sein oder eine bewußte Anspielung durch Jesus, der wußte, wie populär die Auferstehungshoffnung gerade unter den Benachteiligten war, und der sich hier auf einen jüdischen Text bezog, den man nicht nur in Qumran las. Solche Gemeinsamkeiten sind nicht verwunderlich, sondern im Klima dieser Zeit völlig normal. Das können wir auch zwei weiteren Qumran-Texten entnehmen, die Jesaja 61,1–2 benutzen, jene Lieblingsstelle von Jesus, die er in der Synagoge von Nazareth vorlas und in seiner Antwort an den Täufer voraussetzte. In einem Fragment aus der elften Höhle, 4Q 13, geht es um Melchisedek, eine himmlische Engels- und Priestergestalt, die in 1. Mose 14,18–20 und in Psalm 110,4 vorkommt. Der Hebräerbrief legt vor allem Psalm 110 so aus, daß nur Jesus als der wahre Priester «nach der Ordnung Melchisedeks» verstanden werden kann (v.a. Hebräer 7). Dieser neutestamentliche Brief, der sich ausdrücklich an jüdische Leser wendet, rechnet möglicherweise mit einem Publikum, das von der Beliebtheit des

Melchisedek-Modells unter Essenern wußte. Im Qumran-Fragment 4Q 13, das auch 4Q Melch(isedek) heißt, wird Jesaja 61,1–3 herangezogen, um messianische Vollmacht darzustellen. Der Verkünder des Evangeliums – der «Guten Botschaft» an die Armen – ist der Messias.

Ähnlich läßt es sich noch den Bruchstücken der sogenannten Hymnenrolle 1QH entnehmen (1QH Fragment 3,15; früher als 1QH 18,14 bekannt). Doch auch hier kommen die bei Jesus so auffallend erwähnten Aussätzigen nicht als eine der Zielgruppen vor. Die extrem strikten Reinheitsgesetze der Essener schlossen bestimmte Gesellschaftsgruppen aus der Gemeinschaft aus. Jesus ignorierte das, und so sehen wir im Vergleich nicht nur mit Jesaja, sondern auch mit den Qumranschriften, daß er nicht nur als die Erfüllung messianischer Erwartung verstanden werden will. Er ist es, aber er ist sichtbar mehr als nur das. Am Ende jedenfalls ist der Unterschied unübersehbar: Da, wo Jesus ganz bewußt endet, erzählt der Qumrantext 4Q 521 noch eine Weile lang weiter. Jesus war eben kein Essener, ebensowenig wie Johannes. Vor dem Hintergrund der gemeinsamen Wurzel in der Torah und in den Propheten gingen sie ihren eigenen Weg.

## Vom alten zum neuen Bund

«Selig ist, wer sich nicht an mir ärgert», sagt Jesus zum Abschluß seiner Antwort an die Jünger des Johannes. Ein jüdischer Hörer oder Leser verstand das damals so: Wer keinen Anstoß daran nimmt, daß Jesus tatsächlich der ist, der da kommen soll, der ist glücklich, weil er Anteil hat am Heilsplan Gottes. Diese abschließende Seligpreisung hat sich wohl nicht nur an Johannes und seine Jünger gerichtet. Auch seine eigenen Jünger und die anderen, die dabeistanden, waren gemeint. Die Seligpreisungen der Bergpredigt lagen noch nicht lange zurück; hier werden sie ergänzt. Unmittelbar anschließend machte Jesus seinen Zuhörern klar, daß er seinerseits an der herausragenden Rolle des Johannes nicht zweifelte: «Unter allen, die von einer Frau geboren sind, ist keiner aufgetreten, der größer ist als Johannes der Täufer» (Matthäus 11,11). Damit stellte Jesus ihn noch über Mose, und über Elia. Und er tat dies, obwohl er selbst danach noch von Johannes sagte, daß er der neue Elia ist, «der da kommen soll» (Matthäus 11,13).

Damit haben wir wieder das inzwischen vertraute Vorgehen: Die Erfüllung ist mehr als die Prophetie, Johannes ist mehr als Elia, so wie Jesus mehr ist als der traditionell erwartete Messias. Und um die Verhältnisse endgültig klarzustellen, fügte Jesus hinzu: Trotz allem «ist der Kleinste im Himmelreich» größer als Johannes (Matthäus 11,11). Der Täufer erfüllte einen herausragenden Teil der Pläne Gottes, weit bedeutender darin als alle vor ihm, und dennoch war er nur ein Bote des Himmelreichs, eben ein vorbereitender Rufer in der Wüste. Daraus folgt letztlich, daß auch die geringsten unter denen, die in diesem angekündigten Reich Gottes zu Hause sein werden, größer sind als der Bote. In gewisser Weise war also der Täufer noch nicht selbst in diesem Himmelreich; er bereitete es vor, ohne es zu verkörpern oder zu bewohnen. Damit stand er vollendend in der Reihe der alten Propheten. Niemand, der Jesus zuhörte, kann das als eine Herabstufung des Täufers verstanden haben. Nicht um seine eigene Erlösung ging es, sondern um seinen Platz in Gottes Geschichte.

Der Täufer ist das Bindeglied zwischen dem alten – nicht aufgehobenen – und dem neuen Bund. Er hatte das mit seinem Zitat aus Jesaja 40,3 denen deutlich gemacht, die auf Zwischentöne hören konnten, auf Zwischentöne, die auch im griechischen Text des Johannesevangeliums unverkennbar sind: Wenn bei Jesaja im hebräischen und im griechischen

Text von Gott die Rede ist (griechisch «theos»), steht in Lukas 3,4 «der Herr», griechisch «kyrios»: «Bereitet den Weg des Herrn». Herr – das war natürlich auch im Alten Testament einer der Namen Gottes. Ohne Gott also direkt so zu benennen, sagt der Täufer aber damit auch: «der Herr» – das ist Jesus, den er ankündigt. Hatte der Täufer an Psalm 110,1 gedacht? Hatte er, wie jener Psalm, den Messias unmittelbar an die Seite Gottes stellen wollen? Alle vier Evangelien zitieren ihn mit diesem Satz, und mit genau dieser Veränderung gegenüber dem ursprünglichen Wortlaut des Jesaja.

Johannes der Täufer hatte begonnen als Verkünder des Herrn. Er hatte Jesaja in völlig neuer Weise überhöht. Sein Messias war nicht irgendeiner, er war die letzte Erfüllung, die Verkörperung Gottes selbst. Hatte er sich dabei übernommen? Die Antwort von Jesus auf seine Frage sollte ihm die letzten Zweifel nehmen. Wie er auf diese Antwort reagierte, die der Herr ihm und seinen Anhängern gab, das erfahren wir nicht mehr. Es war eine Sache zwischen ihm und Gott.

# Der jüdische Hohepriester Kaiaphas fragt: «Bist du der Christus, der Sohn des Hochgelobten?»

# 3. Kapitel

## *Kaiaphas fragt: «Bist du der Christus, der Sohn des Hochgelobten?» (Markus 14,61)*

*Hinter der Frage des Hohenpriesters verbirgt sich die ganze Welt der Religion und der Religionspolitik dieser Zeit. Als höchstem Vertreter der jüdischen Tempelverwaltung stand es dem Hohenpriester zu, verantwortlich über religiöse Fragen zu entscheiden. Ausgerechnet Kaiaphas, der durch die Funde in seinem wieder ausgegrabenen Familiengrab als der Heuchler erwiesen ist, für den Jesus ihn hielt, wurde mit einem Mann konfrontiert, der von vielen Juden für den Messias gehalten wurde. Durfte das wahr sein? Wenn Jesus der Messias war – woran ließ sich das feststellen? Gab es Richtlinien, klare Maßstäbe? Kaiaphas hält die Erklärung von Jesus für Gotteslästerung. Was gab ihm dazu – aus der Sicht des Sanhedrins und der Schriftauslegung – das Recht? Wie hätte Kaiaphas zufolge der Messias aussehen und auftreten müssen, um ihn zu überzeugen? Oder forderte der Hohepriester in dieser Konfrontation ein Messias-Verständnis heraus, das Jesus in der Tat erst durch Tod und Auferstehung erfüllen konnte?*

### Gegen die Juden, für die Juden?

Über 1900 Jahre lang war für die Juden in christlichen Ländern die Woche vor Ostern die schrecklichste aller Wochen. Mehr als sonst schon wurde während der Passionstage auf den Straßen und von den Kanzeln den Juden die Schuld am Leiden und Tod von Jesus zugeschrieben. Gottesmörder waren sie, Verräter an ihrer eigenen Bestimmung, weit schlimmer noch als die Römer, die – so schienen die Evangelien zu sagen – nur widerwillig mitwirkten an der Hinrichtung des Messias. Nicht Pilatus war der größte Übeltäter. Ihm wurde später eine Bekehrung zugeschrieben, gegen Ende des 2. Jahrhunderts nannte ihn der Theologe Tertullian einen heimlichen Christen, und die äthiopische Kirche machte ihn sogar zum Heiligen. Nein, der wahre Übeltäter war nicht der Vertreter des römischen Kaisers, der die Kreuzigung nach römischem Strafrecht vollzog, sondern der jüdische Hohepriester, Joseph Kaiaphas. So jedenfalls galt es fast zweitausend Jahre lang.

Erst in jüngster Zeit haben sich die Perspektiven verschoben. Nun sind die Römer die Täter, und die Evangelien tragen angeblich ihren Teil der Verantwortung am Antisemitismus, denn sie formulierten die ersten antisemitischen Aussagen über «die Juden». Das jedenfalls wollen uns neuere theologische Lehrmeinungen glauben machen. Wir werden fragen müssen, was sich tatsächlich abspielte, und ob beispielsweise Schriften, die von Juden verfaßt wurden – und das sind die Evangelien nun einmal – tatsächlich antisemitisch sein können oder ob die Zusammenhänge nicht doch anders aussehen. An Kaiaphas kommen wir dabei nicht vorbei.

«Bist du der Christus, der Sohn des Hochgelobten?» fragte Kaiaphas, und er stellte seine Frage mit der Ernsthaftigkeit des Vertreters höchster priesterlicher Macht. Sicher fand das Gespräch in aramäischer Sprache statt. So wird er nicht das griechische Wort «Christus» benutzt haben, sondern das aramäische «Messias». Wir wissen bereits, daß dies mehr ist als eine sprachliche Feinheit. Einerseits ist «Christus» bereits im griechischen Alten Testament der übliche Ausdruck für den hebräisch-aramäischen Messias, andererseits aber denkt Kaiaphas keineswegs an all das, was Christen meinen, wenn sie «Christus» sagen. Es war noch kein Eigenname, auch kein kirchlicher Begriff, sondern tatsächlich nicht mehr – und nicht weniger – als das Wort für den von den Juden erwarteten

Gesalbten Gottes. Und noch etwas anderes fällt auf: Kaiaphas, ganz korrekt in seinem Sprachgebrauch, nennt Gott nicht beim Namen. Damals wie heute war das den gläubigen Juden untersagt. Umschreibungen wie «Herr» – «Adonai» oder griechisch «Kyrios» – und andere Ersatznamen waren die Regel, und einer der geläufigen Titel war jener, den Kaiaphas hier gebraucht: «der Hochgelobte» oder in anderen Übersetzungen «der Gepriesene». Er war, wohl ursprünglich als Zusammenziehung von «der Heilige, gepriesen sei er», allgemein verbreitet und begegnet uns in einem apokryphen jüdischen Text, dem damals beliebten Buch Henoch (1 Henoch 77,2), später dann auch in verschiedenen Traktaten des Talmud.

Kaiaphas benutzt hier also nacheinander beide Begriffe, «Messias» und «Sohn Gottes». Und damit macht er klar, daß er genau weiß, worum es geht. Die Frage ließ Jesus keinen Spielraum. Was auch immer Kaiaphas über den Mann aus Nazareth gehört haben mag – von Beobachtern, durch Gerüchte oder, wie es heute oft in den Nachrichten heißt, «aus zuverlässiger Quelle» –, er hatte begriffen, daß dieser Wunderheiler und Prophet bis zu diesem Zeitpunkt nie abgestritten hatte, was andere über ihn sagten: daß er der Messias sei.

Und nun kommt noch die gefährliche Zuspitzung hinzu: Messias-Gestalten, oder jedenfalls solche, die es sein wollten, die hatte es immer wieder einmal gegeben. Es gab sie auch später noch. Der Revolutionär Simon Bar Kochba wurde hundert Jahre später von seinen Anhängern auf diese Weise verehrt, und noch vor wenigen Jahren erklärten die Anhänger des inzwischen gestorbenen Lubavitcher «Rebbe» Menachem Mendel Schneerson, er sei der Messias. Ein Messias sein zu wollen, das war für sich allein noch nicht gotteslästerlich; es kam ganz darauf an, *welcher* Messias man sein wollte und mit welchen Mitteln. Deswegen ist der zweite Teil der Frage des Kaiaphas so klug gestellt. In der Verbindung von Messias und

Sohn Gottes entsteht nämlich politischer Sprengstoff. Den Hintergrund dazu sahen wir bereits im ersten Kapitel. «Sohn Gottes» konnte, in der harmlosen Form, ein unverdächtiger jüdischer Ehrentitel sein, wie ihn beispielsweise der Philosoph und Theologe Philo von Alexandrien, der genau zu dieser Zeit lebte, für Abraham benutzte. Er konnte auch als eine Betonung der messianischen Vollmacht verstanden werden, wie Petrus das in seinem Bekenntnis bei Caesarea Philippi ausdrückte.

Hier aber, auf den Lippen des ranghöchsten Vertreters religiöser Macht, kam noch die Realpolitik hinzu. Sollte Jesus die Frage des Kaiaphas bejahen, würde er sich am Vorabend des Pesach-Festes als Messias und Sohn Gottes nicht nur an die Spitze der Unruhig-Erwartungsvollen stellen. Das war für einen Hohepriester, dem es um religionspolitische Stabilität gehen mußte, schon aufrührerisch genug. Jesus würde darüber hinaus auch noch den römischen Kaiser herausfordern, der sich als «Sohn Gottes» verehren ließ. Und eine solche Herausforderung mußte den Stellvertreter des Kaisers auf den Plan rufen, den amtierenden Präfekten Pontius Pilatus, der sich bereits in der Stadt aufhielt.

## Echte und falsche Söhne Gottes

Im Judentum dieser Zeit wurde die Frage einer falschen, geradezu blasphemischen «Sohn Gottes»-Bezeichnung intensiv diskutiert. Wir wissen ja bereits, daß gläubige Juden ihre Probleme damit hatten, daß seit Augustus die römischen Kaiser, wo sie nur konnten, ihre (Adoptiv-)Väter vom Senat vergöttlichen ließen und damit ihrerseits zu «Söhnen Gottes» wurden. Das Qumran-Fragment 4Q 246 scheint dagegen zu protestieren, indem es von einem Sohn Gottes spricht, dessen Reiche wie ein Meteor verglühen, von einem Sohn des Allerhöchsten, auf den Gottes Urteil fallen wird. Und dahinter steht Psalm 82, dessen Verse 6 bis 8 genau das sagen: «Ich hatte gedacht: Seid ihr Götter, seid ihr alle Söhne des Höchsten? Nein! Ihr werdet sterben wie die Menschen sterben, ihr werdet fallen wie jeder der Fürsten. Erhebe dich, Gott, richte die Welt, denn dir gehören alle Nationen.»

Im Johannesevangelium wird berichtet, wie Jesus selbst sich auf diesen Psalm bezog, als er von einigen Zuhörern angegriffen wurde (Johannes 10,24–39): «Wenn du der Messias bist, dann erkläre es offen!» Die Antwort, die Jesus auf diese Herausforderung gab, erfüllte den gleichen Zweck wie die spätere Reaktion auf die Frage des Kaiaphas: «Ich habe es euch gesagt, aber ihr glaubt nicht. Die Werke, die ich im Namen meines Vaters vollbringe, legen Zeugnis für mich ab. Ihr aber glaubt nicht, weil ihr nicht zu meinen Schafen gehört. Meine Schafe hören auf meine Stimme; ich kenne sie, und sie folgen mir. Ich gebe ihnen ewiges Leben. Sie werden niemals zugrunde gehen, und niemand wird sie meiner Hand entreißen. Mein Vater, der sie mir gab, ist größer als alle, und niemand kann sie der Hand meines Vaters entreißen. Ich und der Vater sind eins.» Und dann heißt es: «Da hoben die Juden wiederum Steine auf, um ihn zu steinigen. Jesus hielt ihnen entgegen: Viele gute Werke habe ich im Auftrag des Vaters vor euren Augen getan. Für welches dieser Werke wollt ihr mich steinigen? Die Juden antworteten ihm: Wir steinigen dich nicht wegen eines guten Werkes, sondern wegen Gotteslästerung, denn du bist nur ein Mensch und machst dich selbst zu Gott.» Genau hier war der entscheidende Punkt erreicht, und Jesus nannte den 82. Psalm: Wenn Gott von anderen denken konnte, daß sie Götter und Söhne des Höchsten genannt werden durften, ohne daß sie leibhaftig seine Söhne waren, ja sogar ohne daß sie wenigstens symbolisch dazu berechtigt gewesen wären – wie viel mehr darf derjenige so von sich sprechen, der von Gott selbst erwählt, von Gott selbst in die Welt gesandt wurde!

Erneut wurden hier die Zuhörer aufgefordert, Stellung zu beziehen.

Nicht anders erging es später dem Kaiaphas und dem Sanhedrin. Sie waren gefordert: Bemerkt die Unterschiede zwischen falschen Prätendenten und unerfüllten Prophezeiungen auf der einen Seite und dem wahren Messias, dem wirklichen Sohn Gottes, auf der anderen! Entscheidet euch, ehe es – für euch, nicht für mich – zu spät ist.

Aus der Sicht des Kaiaphas war die Lage also dramatisch. Es ginge vielleicht zu weit, ihm die Hoffnung auf Entspannung in letzter Minute zuzuschreiben: Würde Jesus einen Rückzieher machen, alles widerrufen oder abstreiten, was über ihn gesagt und ihm zugeschrieben wurde, dann könnte man es bei einer Ermahnung belassen, vielleicht noch eine der üblichen Synagogenstrafen aussprechen, aber jedenfalls jede öffentliche Unruhe und vor allem die Einbeziehung der römischen Besatzungsmacht vermeiden. Doch nach allem, was bereits vorgefallen war, hätte Kaiaphas naiv sein müssen, um darauf zu hoffen. Er wollte sich nur noch nach allen Seiten absichern. Niemand sollte ihm später den Vorwurf machen dürfen, er hätte gegen geltendes Recht verstoßen, als er den Messias-Prätendenten aus dem Weg räumen ließ. Also stellte er die Frage so, daß die Antwort keinen Spielraum für subtile Mehrdeutigkeiten lassen würde.

Jesus nahm Kaiaphas beim Wort. Er wollte nicht mehrdeutig sein oder ausweichend, sondern unmißverständlich und eindeutig. Er wußte, mit wem er es zu tun hatte. Wissen wir es? Wer war dieser Kaiaphas? Im Jahr 18 n. Chr. wurde er Hoherpriester. Er war, wie auch das Neue Testament berichtet, ein Schwiegersohn des Hannas. Dieser Hannas Bar Sethi, latinisiert auch Ananus genannt, war eine schillernde Gestalt, und man könnte vor allem aus dem Johannesevangelium den

Eindruck gewinnen, daß Kaiaphas nichts tat, ohne seinen Schwiegervater zu konsultieren. Obwohl Hannas bereits 15 n. Chr. von den Römern, die auch in der Religionspolitik schalteten und walteten, wie sie wollten, abgesetzt wurde, blieb sein Einfluß auf das Geschehen im Tempel und im Sanhedrin immens. Das mag damit zu tun haben, daß nicht weniger als fünf seiner Söhne und eben Schwiegersohn Kaiaphas Hohepriester wurden. Die jüdische Hierarchie respektierte also das Ein- und Absetzungsgebaren der Römer anscheinend nur nach außen. Intern blieb der Hohepriester auf Lebenszeit im Amt. Das war mit Sicherheit zur Zeit der Mischna der Fall, jener Lehrsammlung, die bis ins 2. vorchristliche Jahrhundert zurückging und bis ins 2. nachchristliche Jahrhundert fortgeführt wurde (den Hinweis bietet der Traktat Horajot 3,4).

So konnte es kommen, daß formal betrachtet mehrere Hohepriester gleichzeitig in Amt und Würden waren. Johannes 18,13–24 zeigt uns jedenfalls, daß Hannas noch immer ein gewisses Vorrecht hatte, obwohl längst Kaiaphas sein von den Römern ernannter Nachfolger war. Denn Hannas, nicht Kaiaphas, führte das erste Verhör durch, dem Jesus sich zu unterziehen hatte, und Lukas (3,2) erklärt ganz einfach, daß Hannas und Kaiaphas gemeinsam Hohepriester waren. Im Neuen Testament wird der Begriff «Hohepriester» auch umfassender für andere leitende Tempelpriester und deren gesamte Gruppe gebraucht, zu der die Schatzmeister, Aufseher und Obersten am Tempel gehörten. Hannas und Kaiaphas waren jedoch Hohepriester im traditionellen Sinn des Wortes: Hohepriester standen dem Tempelkult vor und waren spätestens seit dem 2. vorchristlichen Jahrhundert auch politisch aktiv. Das galt auch unter der römischen Verwaltung, denn die Römer erwarteten von ihnen einen ruhestiftenden Einfluß auf die Bevölkerung und damit die Unterbindung aufkeimender Unruhen im ganzen Land, nicht nur im Einzugsbereich des Tempels.

Achtzehn Jahre nach seiner eigenen Ernennung, 36 n. Chr., wurde Kaiaphas vom römischen Statthalter in Syrien, Vitellius, dem auch das von einem Präfekten, später von einem Prokurator verwaltete Gebiet Galiläas, Judäas und Samarias unterstand (Pilatus, Felix und Festus sind die Namen, die uns im Neuen Testament begegnen), aus unbekannten Gründen abgesetzt. Da Vitellius im gleichen Jahr auch Pilatus wegen des Vorwurfs unrechtmäßigen Vorgehens gegen die Samaritaner zum Rapport beim Kaiser nach Rom schickte, dürfen wir immerhin einen Anlaß vermuten: Kaiaphas hatte eng und – aus seiner Sicht – sehr erfolgreich mit dem Präfekten zusammengearbeitet, nicht nur beim Verfahren gegen Jesus. Diese Nähe wurde ihm nun zum Verhängnis. Mit dem Ende der Präfekten-Laufbahn des Pilatus endete auch die Hohepriester-Laufbahn des Kaiaphas. Erst durch neuere Forschungen und durch eine einzigartige archäologische Entdeckung ist die ungewöhnliche Rolle dieses Hohenpriesters schlagartig erhellt worden. Und was dabei zutage tritt, läßt uns seine Frage an Jesus und seine unerbittliche Feindschaft gegen den Nazarener besser begreifen. Zu den auffälligen Details gehört zuerst schon sein seltsamer Name.

## Das Grab des Kaiaphas

Kaiaphas – so nennen ihn die neutestamentlichen Schriften. Flavius Josephus, der jüdische Historiker in römischen Diensten, spricht von ihm als «Joseph, genannt Kaiaphas». Wir haben es also mit einem Beinamen, vielleicht einem Spitznamen zu tun, der so weit verbreitet war, daß er im Neuen Testament schon ausreichte, um den Mann zweifelsfrei zu identifizieren. Die Sitte der Beinamen war vor allem unter den Römern gebräuchlich, die ein mehrgliedriges Namenssystem kannten. An letzter Stelle stand der Beiname, der dazu diente, einen einzelnen Träger oder seine Linie von anderen zu unterscheiden.

Tacitus, der berühmte römische Historiker, hieß eigentlich Publius Cornelius Tacitus. Publius war ein sehr häufiger Vorname, Cornelius war eine große Sippe – auch der Hauptmann von Caesarea, der von Petrus getauft wurde, gehörte ihr an, und von ihm kennen wir wiederum nur diesen Sippennamen. «Tacitus» = «der Verschwiegene» – ein eigentümlicher Name für einen vielschreibenden Historiker (vielleicht auch ein absichtlicher, liebevoller Spott) – wurde daher zum eigentlichen Kennzeichen dieses einen Mannes unter den vielen Männern mit Namen Publius und den zahlreichen Angehörigen der Cornelius-Sippe.

Ein weiteres Beispiel: Von Pontius Pilatus kennen wir den Vornamen nicht (Pontius ist nur der Familienname, nicht der Vorname), nennen ihn aber meist auch nur mit seinem Beinamen Pilatus, «der mit Wurfspießen Bewaffnete».

Im Judentum schien dagegen eine Variante des Namenssystems üblich zu sein, um Verwechslungsgefahren vorzubeugen: Man fügte dem Vornamen die Ortsherkunft bei. Joseph «von Arimathäa», Jesus «von Nazareth», Maria «von Magdala/Migdal» und so weiter. Andere Möglichkeiten waren die Hinzufügung des Vaternamens: Simon Bar Jona für Petrus z.B., oder dann eben auch Beinamen, wie «Petrus»/«Kepha(s)» = der Fels für Simon, oder «Josef genannt Bar Sabbas (= Sohn des Sabbath) mit dem Beinamen Justus» (= der Gerechte; Apostelgeschichte 1,23) oder «Simon, genannt Niger» (= der Dunkelhäutige; Apostelgeschichte 13,1). Diese letzten beiden Beispiele zeigen schon, wie sehr das römische System im Judentum Eingang gefunden hatte. Der Josef in Apostelgeschichte 1 trägt einen jüdischen und zusätzlich einen lateinischen Beinamen, Simon in Apostelgeschichte 13 hat nur noch den lateinischen.

Joseph der Hohepriester wurde folgerichtig von allen anderen Trägern des gleichen Vornamens durch seinen Beinamen unterschieden: Kaiaphas, aramäisch «Qajfa». Das heißt soviel wie «Korbträger». Womit er das verdient hatte, wissen wir nicht mehr. Vielleicht gab es eine Linie in seiner Familie, die sich auf einen Mann zurückführte, der als Korbträger aufgefallen war. Vielleicht hatte unser Joseph in seiner Jugend die Schriftrollen für den Schulunterricht in Körben getragen und sich so diesen Spitznamen eingehandelt. Was auch immer der Grund gewesen sein mag, Flavius Josephus betont, daß man den Hohepriester Joseph allgemein «Kaiaphas» nannte. Das ist die griechische Namensform, die auch das Neue Testament benutzt (in deutschen Bibelübersetzungen finden sich daneben auch die Schreibweisen «Kajaphas» und «Kaiphas»). Die aramäische Form und die Vermutung, daß es sich um eine Seitenlinie der Sippe handeln könnte, wurden völlig überraschend durch eine archäologische Entdeckung bestärkt:

Der Schauplatz war Nord-Talpiot, ein Vorort Jerusalems, unweit des UN-Hauptquartiers auf dem – wie viele meinen – sehr zutreffend so genannten «Berg des üblen Rates». Ende November 1990 stießen Bauarbeiter auf eine Aushöhlung. Die Archäologen der Israelischen Antikenbehörde wurden herbeigerufen, und schnell stellte sich heraus, daß man eine ausgedehnte antike Grabanlage gefunden hatte. Grabräuber hatten den vorderen Teil ausgeräumt, doch weiter hinten befanden sich unberührte Ossuarien – jene kleinen Knochenkästen, in denen man nach altem jüdischem Brauch Verstorbene zum zweiten Mal bestattete, nachdem das Fleisch verwest war. Die meisten waren mit symbolischen Mustern kunstvoll verziert. Und fünf trugen die Namen der Verstorbenen, deren Knochen man darin aufbewahrt hatte. All das war an und für sich noch nicht aufregend, denn ähnliche Funde kannte man längst von anderen Orten in Israel. Sensationell waren jedoch drei dieser Ossuarien: Eines war «Qajfa» beschriftet, ein anderes «Jehosaf Bar Qajfa», und in einem dritten, das den Namen «Miriam Berat Schimon» trug, «Miriam Tochter des Simon», befand sich auf dem Gaumen des Totenschädels eine Münze. Zwei Träger des (Bei-)Namens «Qajfa», griechisch «Kaiaphas» – angesichts der Seltenheit dieses Namens bleibt bis heute nur eine Deutung plausibel: Die Archäologen waren auf ein Familien- oder Sippengrab gestoßen. Und nur eine Person ist aus dem antiken Judentum bekannt, die den Vornamen Jehosaf = Joseph mit dem Beinamen Qajfa = Kaiaphas verbindet: der Hohepriester zur Zeit von Jesus. Interessant ist da noch die eine Nuance: Während Flavius Josephus davon schreibt, daß Joseph der «Kaiaphas» genannt wurde, und ihn das Neue Testament schlicht nur Kaiaphas nennt, wird er hier auf dem Ossuar als «Bar Qajfa», das heißt als «Sohn des Kaiaphas» bezeichnet.

Das erlaubt zwei mögliche Schlußfolgerungen: Entweder wurde unser Kaiaphas so genannt, weil er als Sohn eines ersten Beinamenträgers dessen Bezeichnung übernommen hatte. Oder es handelt sich nicht um den gleichen Kaiaphas, und in dem Ossuar liegt beispielsweise ein Sohn des Hohenpriesters mit dem gleichen Vornamen. Viel Spielraum bleibt jedenfalls nicht, denn die Münze, die auf dem Gaumen der Miriam gefunden wurde, ist eine Münze des Herodes Agrippa I., der von 41 n. Chr. bis 43/44 n. Chr. in Jerusalem regierte, aber bereits 36 n. Chr. vom römischen Kaiser eingesetzt worden war. Die Münze ist durch die Inschrift auf sein sechstes Herrschaftsjahr datiert, also 42/43 n. Chr. – ein Jahr, nachdem er Jakobus, den Bruder des Johannes, ermordet und Petrus ins Gefängnis geworfen hatte. Beliebt war er nirgends; die Apostelgeschichte und Flavius Josephus malen sein grauenvolles Sterben in Caesarea Maritima ohne Mitleid aus.

Natürlich wurden die Knochen der Männer, die in den beiden mit «Qajfa» und «Jehosaf Bar Qajfa» beschrifteten Ossuarien lagen, von Anthropologen untersucht. Der Befund ist vor allem für das «Jehosaf Bar Qajfa»-Ossuar aufschlußreich, denn darin lagen auch die Knochen zweier Säuglinge, eines Kindes, einer erwachsenen Frau, eines etwa achtzehnjährigen Mannes – und die eines rund Sechzigjährigen. Nimmt man die Münze des Herodes Agrippa I. als Zeitrahmen für die Grablegung, dann könnte dieser etwa sechzigjährige Mann ohne weiteres der Hohepriester gewesen sein. Im einfacheren «Qajfa»-Ossuar lagen ebenfalls die Knochen von Menschen der gleichen Altersgruppen wie in dem anderen – nur ein Typus fehlte, der des Sechzigjährigen. Das ist auffällig genug. Diesen älteren Herrn, der im Alter des Hohenpriesters war, gibt es in der ganzen Familiengrabanlage tatsächlich nur dieses eine Mal. Ob das als Beweis für die Identifizierung mit dem Hohenpriester ausreicht, mag dahingestellt bleiben. Möglich, wohl sogar wahrscheinlich ist es allemal. Wir sind jedenfalls mitten in der hohenpriesterlichen Familie.

Und damit wird das andere kleine Detail, auf das wir bereits stießen, umso bedeutender für die Frage nach dem Haß, den Kaiaphas für Jesus empfand, und für die erbitterte Ernsthaftigkeit, mit der er Jesus befragte: Die Münze nämlich, die im Mund der Miriam gefunden wurde, war nicht nur ein gültiges Geldstück, das während der Regierungszeit des berüchtigten Herodes Agrippa I. geprägt worden war. Es war auch und vor allem ein symbolisches Zahlungsmittel: Man legte in der Antike einem Verstorbenen Geld zwischen die Zähne oder unter die Zunge, um damit den Fährmann Charon zu bezahlen. Dieser Charon, dessen Name «der mit den funkelnden Augen» bedeutet, war eine durch und durch mythologische Gestalt. Er fuhr die Toten über den Fluß der Unterwelt – den Styx – bis zum Eingangstor des Hades. Der Hades war in der antiken Mythologie keineswegs das, was wir uns unter Hölle oder Unterwelt vorstellen. Man verstand darunter ein Reich, in dem die Toten von den Lebenden unerreichbar getrennt sind. Große Geschichten wie die von Orpheus und Eurydike berichten, wie Menschen immer wieder versuchten, in dieses Reich vorzudringen und geliebte Tote zurückzuholen. Es liegt auf der

Hand, daß solche Mythen mit der Welt des Judentums ebensowenig zu tun haben wie später mit der des Christentums. Und das ist nun das Verblüffende an der Entdeckung in Nord-Talpiot: Wir befinden uns mitten in der Familiengrabanlage der hohenpriesterlichen Sippe, in der man eine Tote nach ganz und gar heidnischer Sitte bestattete.

## Knochen und Auferstehung

Die Kaiaphas-Familie stand mit diesem Brauch nicht allein unter den Juden in neutestamentlicher Zeit. In der Nähe von Jericho wurden jüdische Särge mit Münzen unter anderem von Herodes Archelaus gefunden und ein Ossuar, das einen Schädel mit gleich zwei Münzen des Herodes Agrippa I. enthielt. Ähnliche Funde gelangen an weiteren Orten Judäas und in der Wüste Negev. Aber diese Bestattungssitte war keineswegs die Regel, und vor allem läßt sie sich nicht mit den Gebräuchen des orthodoxen Judentums vereinbaren. Es war eine Art der Gotteslästerung, die schon von den Zehn Geboten untersagt wurde.

Die Familiengrabanlage verrät uns aber noch eine weitere Eigentümlichkeit: Bereits die Tatsache, daß die Knochen der Toten überhaupt in den kleinen Knochensärgen, den Ossuarien, zweitbestattet waren, ist bei Angehörigen einer sadduzäischen Familie nicht zu vermuten. Kaiaphas und seine Leute waren Sadduzäer, nicht Pharisäer. Und alle alten Quellen sind sich darin einig, daß die Sadduzäer nicht an eine leibliche Auferstehung glaubten. Der Knochenbestattungsbrauch wurde jedoch direkt vom Auferstehungsglauben hergeleitet: Man verstand die alten Propheten so, daß die Knochen in der Erde für die körperliche Auferstehung unverzichtbar waren: «Deine Toten werden lebendig, die Leichen stehen wieder auf, wer in der Erde liegt, wird erwachen und jubeln» (Jesaja 26,19). «Ihr vertrockneten Gebeine, hört das Wort des Herrn! So spricht Gott, der Herr, zu diesen Gebeinen: Seht, ich bringe Geist in euch, daß ihr wieder lebendig werdet. Ich spanne Sehnen über euch und umgebe euch mit Fleisch und überziehe euch mit Haut und gebe Geist in euch, dann werdet ihr lebendig. Dann werdet ihr erkennen, daß ich der Herr bin» (Hesekiel 37,5–6).

Sicher gab es auch jüdische Familien, die das Verfallen des Fleischs im Sarg symbolisch als einen Reinigungsprozeß sahen – um in der Verwesung des Leibes, noch im Tod, Vergebung für Sünden zu erlangen. Erst die gereinigten Knochen hatten es verdient, feierlich, in geschmückten Ossuarien, bestattet zu werden.

Wie auch immer – Kaiaphas und seine Sippe bieten das klassische Beispiel für Menschen, die sich nach allen Seiten absichern: Man glaubte als Sadduzäer nicht an Auferstehung, aber es konnte nichts schaden, sich diese Möglichkeit offenzuhalten. Man war zwar die hohepriesterliche Familie, aber vielleicht war ja doch etwas dran an den heidnischen Riten rund um Styx und Hades, für ein paar Münzen sollte da schon noch Platz sein. Dieser schiere Opportunismus ist um so erschreckender, als er noch nicht einmal mit dem Ziel einer öffentlichen Schau zelebriert wurde. Bei einer Bestattung in der Grabanlage blieb man mit Angehörigen und Freunden unter sich. Da waren jene Juden schon freimütiger, die 44 n. Chr. in Caesarea Maritima den Tod des Herodes Agrippa I. feierten, indem sie auf den öffentlichen Plätzen Trankopfer zu Ehren des Charon ausgossen.

Jesus, der fromme Jude, der gekommen war, das Gesetz zu erfüllen, nannte seine sadduzäischen und pharisäischen Gegner mehr als einmal Heuchler. Nach der Entdeckung der Gräber von Nord-Talpiot erkennen wir die bittere Ironie, die hinter seiner Anklage steht: «Weh euch, Schriftgelehrte und Pharisäer, ihr Heuchler, die ihr seid wie die übertünchten Gräber, die von außen hübsch aussehen, aber innen sind sie voller Totengebeine und lauter Unrat! So auch ihr: von außen scheint ihr vor den Menschen fromm, aber innen seid ihr voller Heuchelei und Unrecht» (Matthäus 23,27.28). Es war eine Situation, aus der – durch die Gegenüberstellung von Kaiaphas und Jesus beim Verhör in Jerusalem – eine explosive Mischung wurde. Jeder der beiden wußte ganz genau, was er vom anderen zu halten hatte. Jedes Wort der Frage des Kaiaphas, jedes Wort der Antwort von Jesus hatte vor diesem Hintergrund höchste heilsgeschichtliche Konsequenzen.

## Falsche Zeugen

Ehe Kaiaphas seine Frage stellte, hatte er den Zeugen zugehört, die im hohepriesterlichen Palast gegen Jesus aufgetreten waren. Markus nennt sie ausdrücklich falsche Zeugen, deren Aussagen sich widersprachen. Das gewünschte Resultat stellte sich nicht ein: Es gelang nicht, Jesus eines todeswürdigen Verbrechens zu überführen. Da griff Kaiaphas selbst in das Verhör ein. Er verließ seinen Platz am Tisch und ging direkt auf Jesus zu. «Antwortest du nichts auf das, was diese gegen dich bezeugen?» Erst als Jesus noch immer schwieg, folgte die entscheidende Frage: «Bist du der Christus, der Sohn des Hochgelobten?»

Man muß sich die Szene vor Augen halten. Da ist der Gefangene, Verspottete, ein Mann, der sich von bewaffneten Schergen widerstandslos festnehmen und abführen ließ. Und da ist der Messiasglaube der jüdischen Mehrheit, die einen triumphierenden, siegreichen Messias erwartete. Da ist die Behauptung von «Zeugen», Jesus habe behauptet, er selbst werde den Tempel zerstören. Schon der Prophet Jeremia war festgenommen und vor den Königshof gebracht worden, weil er die kommende Katastrophe über Jerusalem und den Tempel vorhergesagt hatte – allein das galt bereits als todeswürdig (Jeremia 26,1–19). Doch der wehrlose, gefangene Prophet aus Nazareth konnte einer solchen Aussage nicht überführt werden. Sie erschien ohnehin wenig glaubhaft. Einer, der nichts tat, um sich der Gefangennahme zu widersetzen und dessen Anhänger lediglich ein einziges Schwert dabeihatten – wie konnte der den Tempel zerstören, ein Prachtwerk, an dem immer noch gebaut wurde und von dessen Großartigkeit noch später der römische Historiker Tacitus schwärmte? Kaiaphas dürfte Spott in seine Frage gelegt haben. Doch der theologische Anspruch war nicht ausgeräumt. Immerhin gab es nicht wenige Juden, die das Kommen des Messias «in den letzten Tagen» mit einer Erneuerung des Tempels verbanden. Auch eine Qumranrolle spricht davon (4Q Florilegium, 4Q 174 1,1–7):

«Dies ist das Haus das [Er ihnen bauen wird in den] letzten Tagen, wie es im Buch Mose geschrieben steht: ‹Im Heiligtum, das Deine Hände errichtet haben, O Herr, wird der Herr König sein immer und ewig› (2. Mose 15,17–18) [...] Und die Fremden werden es nie mehr verwüsten, wie sie das Heiligtum früher verwüsteten wegen der Sünden Israels.»

Sollte Jesus in Wirklichkeit gesagt haben, daß er den – von anderen – niedergerissenen Tempel in drei Tagen wieder aufrichten wird (Johannes 2,19–21), dann könnte das also auch in diesem endzeitlichen Sinn gemeint sein, als Erfüllung einer vom größten aller Propheten, von Mose selbst, überlieferten Verheißung. Und das war damit möglicherweise noch weit gefährlicher für das hohepriesterliche Selbstverständnis. Nicht mehr ein sinnloser Gewaltakt wäre gemeint gewesen, sondern eine messianische Prophezeiung. Die messianische Seite der Geschichte betraf den Hohenpriester als Religionsverwalter, die gewalttätige, zerstörerische Seite betraf ihn als Freund der römischen Besatzungsmacht, als Gegner aller öffentlichen Unruhe. Immerhin stand auf die Beschädigung und Entweihung des Tempels die römische Todesstrafe.

Zu dieser Zeit wurden die hohenpriesterlichen Gewänder in der «Antonia» aufbewahrt, der römischen Tempelfestung, nicht im Tempel, wohin sie eigentlich gehörten. Kaiaphas unternahm dagegen nichts. Daß Vitellius, der römische Statthalter, sie später wieder freigab, hatte nichts mit Protesten des Hohenpriesters zu tun. Auf der oberen Ebene der Hierarchien hatte man sich miteinander eingerichtet. Die Römer schützten die Unverletzlichkeit des Tempels militärisch und rechtlich, die Hohenpriester brachten Tempelopfer im Namen des Kaisers dar, und im Gegenzug verzichteten die Römer darauf, die Juden dazu zu zwingen, dem Bildnis des Kaisers selbst zu opfern, wie sie das von anderen eroberten Völkern einforderten. Tatsächlich brach um 66 n. Chr. die jüdische Revolte, die 70 n. Chr. in der Zerstörung des Tempels durch die Römer gipfelte, gerade deswegen aus, weil jüdische Fanatiker sich weigerten, den Kompromiß des Opfers im Namen des Kaisers (nicht an den Kaiser) weiter zu unterstützen.

Kaiaphas jedenfalls war bekannt dafür, in seinen Kompromissen weiter zu gehen als unbedingt nötig. Als Pilatus, der in Caesarea Maritima ansässige Präfekt, immer wieder gegen Juden und jüdische Bräuche vorging, kam es zu wiederholten Protesten und Unruhen. Nur einer hielt still – Kaiaphas, dessen Name vom jüdisch-römischen Historiker Flavius Josephus kein einziges Mal unter denen genannt wird, die gegen Pilatus die Stimme erhoben. Auch die Einrichtung von Verkaufsständen im Tempelbereich scheint auf Kaiaphas in enger Zusammenarbeit mit den Römern zurückzugehen. Neben den Geldwechslern, die das unreine, von Römern geprägte Alltagsgeld in den alten, für rein erklärten tyrischen Schekel umtauschten, mit dem dann die Opfertiere bezahlt wurden, standen nun, mitten im Tempelareal, die Tierverkäufer. Das regte nicht nur Jesus auf, der die Wechseltische umstieß und den Taubenhändlern zurief: «Schafft das hier weg! Macht nicht das Haus meines Vaters zu einer Markthalle!» (Johannes 2,16). Auch ein Rabbi wie Simon Ben Gamaliel protestierte später noch gegen die Taubenhändler und die Geldtreiberei im Tempel, und Flavius Josephus berichtet, daß Vitellius einige der finanziellen Arrangements wieder aufhob, nachdem er Pilatus und Kaiaphas ihrer Ämter enthoben hatte.

In weiten Teilen des Judentums scheint Kaiaphas für seine Aktionen verachtet worden zu sein. Im Talmud steht der Traktat Pesachim 54, wo das «Wehe» über seine gesamte Sippe ausgerufen wird. Doch so eng war anderseits das Vertrauensverhältnis zwischen Kaiaphas und den Römern, daß er offenbar sogar ein römisches Militär-Kontingent anfordern konnte, um Jesus zu verhaften und etwaigen Widerstand seiner Anhänger im Keim zu ersticken: eine Kohorte (oder jedenfalls einen Teil davon) mit einem kommandierenden Offizier. Um jedes Mißverständnis auszuschließen, gebraucht Johannes mit großer Präzision die militärischen Fachbegriffe «speira» (Kohorte) und «chiliarchos» (Oberbegriff für den kommandierenden Offizier, Johannes 18,12). Der Gefangene war mit Truppengewalt vorgeführt worden. Trotz der vielen Wundertaten, die auch Kaiaphas nicht bezweifelte, sprach jetzt aller Anschein dagegen, daß er besondere Macht hatte, und nun mußte es ein für allemal geklärt werden: «Bist du der Messias, der Sohn des Hochgelobten?»

## «Ich bin es»

Jesus wußte, wie Kaiaphas die Frage meinte, und seine Antwort ließ an Eindeutigkeit nichts zu wünschen übrig: «Ich bin es.» Das allein hätte angesichts seiner hilflosen Lage wohl nur Spott hervorgerufen. Folglich fuhr er fort, ohne auf eine Reaktion zu warten: «Und ihr werdet den Menschensohn zur Rechten der Kraft sitzen und mit den Wolken des Himmels kommen sehen.» Mit anderen Worten: Jetzt habt ihr die Macht über mich, aber ihr werdet selbst noch das Urteil Gottes über euren Machtmißbrauch erleben. Jesus bezeichnete sich auch hier wieder mit dem messianischen Wort «Menschensohn» aus Daniel 7,13. Und er nahm eine berühmte messianische Stelle aus Psalm 110,1 hinzu: «Der Herr sprach zu meinem Herrn: Setze dich zu meiner Rechten, bis ich deine Feinde zum Schemel deiner Füße mache.» Im zeitgenössischen Judentum war die Verbindung beider Stellen nicht unbekannt. Der Midrasch über den Psalter macht das klar in den Auslegungen von Psalm 2,7 und Psalm 18. Besonders aufschlußreich ist der Midrasch über Psalm 2,7 (1,40;9): «Und an einer Stelle der Schriften heißt es: ‹Der Ewige sagte zu meinem Herrn: Setze dich zu meiner Rechten›, und es heißt: ‹Der Ewige sagte zu mir: Du bist mein Sohn.› Und an einer anderen Stelle heißt es: ‹Siehe, es kam einer mit den Wolken des Himmels, wie eines Menschen Sohn.›» Das Wort «Kraft» als Umschreibung für «Gott» entspricht tiefster jüdischer Ehrfurcht vor dem heiligen, unaussprechlichen Namen. Und es fällt gerade hier auf, daß diese Umschreibung, so typisch jüdisch sie ist, im Alten Testament und in der Qumran-Literatur noch nicht vorkommt – Jesus scheint sie selbst geprägt zu haben. Der babylonische Talmud kennt sie dann immerhin mehrmals (Sabbath 87a, Sota 37a, u.a.m.), und es ist nicht ganz auszuschließen, daß die Quellen solcher Talmud-Stellen noch bis in die Zeit von Jesus zurückreichen.

Deutlicher als hier in dieser Szene kann nicht gesagt werden, daß der «Menschensohn zur Rechten der Kraft (= Gottes)», der «Sohn Gottes» und «der, der mit den Wolken des Himmels kommen wird», ein und dieselbe Person sind. Jesus verweist also auf eine unmißverständliche Beziehung, und anders kann seine Antwort auch von Kaiaphas nicht verstanden worden sein. Brisant ist diese Antwort noch aus einem anderen Grund: Jesus spricht hier von einem zweimaligen Kommen des Messias, und er trennt die Formen beider Erscheinungen. Das erste Kommen, also jenes, das er in diesem konkreten Augenblick verkörpert, wird nicht von allen erkannt und akzeptiert, obwohl jeder, der einfachste Jude ebenso wie der Hohepriester, die Gelegenheit dazu hat. Doch er wird noch ein zweites Mal sichtbar werden, als Richter zur Rechten Gottes. Dann allerdings werden jene, die ihn nun ablehnen, dem Urteil dieses endzeitlichen Richters unterworfen werden.

War es, rein menschlich gesehen, überhaupt vorstellbar, daß Kaiaphas und die anderen in einer solchen Situation ihre Meinung noch einmal ändern würden? Was sprach in ihren Augen dafür, daß Jesus recht haben könnte? Oder sagen wir es anders: Mußte angesichts der realpolitischen Situation nicht alles getan werden, um auszuschließen, daß er recht haben könnte? Kaiaphas zerriß sein Gewand. Es war eine alte Geste, die uns u. a. schon in 1. Mose 44,13; Richter 11,35; 2. Könige 6,30; 11,14 und in Esther 4,1 begegnet. Zorn und Schmerz kamen darin zum Ausdruck. Der Hohepriester erklärte Jesus zum Gotteslästerer: «Was bedürfen wir weiterer Zeugen? Ihr habt die Gotteslästerung gehört.» Im 3. Buch Mose war der Fall erläutert, und die Torah – das heißt das Gesetz der fünf Bücher Mose – hatte bindende Autorität: «Wer des Herrn Namen lästert, der soll des Todes sterben; die ganze Gemeinde soll ihn steinigen. Ob Fremdling oder Einheimischer, wer den Namen lästert, soll sterben» (3. Mose 24,16). Aus der Perspektive des Hohenpriesters war dieser Fall gegeben. Jesus hatte sich, so schien es, eine Vollmacht angemaßt, die nur Gott zusteht; er hatte über sich selbst etwas ausgesagt, das nur von Gott kommen darf; er hatte sich selbst neben Gott gestellt und Gottes Macht für sich in Anspruch genommen, weit über das hinaus, was man jedem Messias-Prätendenten vielleicht noch zugestehen würde. Er hatte alles überboten, was er zuvor gesagt und was andere von ihm behauptet hatten. Kurz, er hatte Gottes Namen mißbraucht und ihn damit gelästert. Spätere jüdische Literatur, gesammelt vor allem in der Mischna (im wohl erst nachchristlichen Traktat Sanhedrin 7,5a), schränkt anscheinend die Rechtfertigung der Todesstrafe in einer engen Anwendung von 3. Mose 24,16 ausschließlich auf solche Fälle ein, in denen der Beschuldigte auch den unaussprechlichen Namen Gottes, das Tetragrammaton JHWH, vollständig ausgesprochen hatte. Aber das scheint hier, zur Zeit des Prozesses gegen Jesus, noch nicht der Fall zu sein, und es wird auch nicht vorausgesetzt.

Und nun muß man sich auch noch einmal die ganze Szene im hohenpriesterlichen Palast vor Augen führen. Da stand ein Mann, der gerade erst von den Schergen des Hohenpriesters und einem römischen Truppenkontingent verhaftet worden war, wohl schon die Spuren einer nicht besonders sanften Behandlung an sich trug und der nun mit größter Selbstverständlichkeit behauptete, er sei derjenige, auf den seit Mose und den Psalmen alle Juden gewartet hatten. Was sollten die Männer dazu sagen? Das Gesetz des Mose gab ihnen die Antwort vor, die Frage des Kaiaphas war nur noch rhetorisch: «Was ist euer Urteil? Sie aber verurteilten ihn alle, daß er des Todes schuldig sei.»

Obwohl immer wieder einmal daran gezweifelt wird, daß sich diese Verhandlung – deren Kurzfassung wir bei Markus lesen – so oder so ähnlich abgespielt haben kann, entspricht sie ganz und gar dem, was zu erwarten war. Denn das mosaische Gesetz zwang die Versammlung geradezu, ein formelles Todesurteil auszusprechen, sobald sie zu einem Schuldspruch gelangt war. Nur eines durfte sie nach geltendem Besatzungsrecht nicht tun: Sie durfte das Urteil nicht vollstrecken. Allein der römische Kaiser und diejenigen, denen er kaiserliche Gewalt verlieh – der Statthalter also, der Präfekt, gegebenenfalls einmal ein Vasallenkönig –, durften Todesurteile vollstrecken. Es kam nun darauf an, eine Vorlage zu formulieren, die dem Präfekten Pontius Pilatus keine andere Wahl ließ, als zum gleichen Ergebnis zu kommen. In völligem Einklang mit dieser Rechtslage beschlossen Kaiaphas und der Sanhedrin, Jesus an Pilatus zu übergeben.

*Der römische Präfekt Pontius Pilatus fragt: «Bist du der König der Juden?»*

# 4. Kapitel

## *Pilatus fragt: «Bist du der König der Juden?» (Johannes 18,33)*

*Die Frage des Pilatus, die auf dem ältesten Papyrus des Johannesevangeliums erhalten ist, stand wenig später als feststellender Urteilsspruch über dem Kreuz Jesu: Als König der Juden wurde Jesus nach römischem Recht hingerichtet. Was war die kulturelle und politische Lage, in der ein römischer Präfekt wie Pilatus handeln konnte und mußte? Was hieß es, «König der Juden» zu sein, und was erwartete Pilatus, als er die Frage stellte? Warum antwortete ihm Jesus anders, als er Kaiaphas antwortete? Die Kreuzesüberschrift bestätigte den Anspruch in drei Sprachen – auf hebräisch (der Kultussprache), griechisch (der allgemeinen Verkehrssprache aller Menschen dieser Zeit) und lateinisch (der Amtssprache des Römischen Reichs). Nach römischem Prozeßrecht – und zugleich ohne die Konsequenzen abschätzen zu können – brachte Pilatus die Bestätigung seiner Frage für jedermann lesbar öffentlich an und verkündete so, daß hier etwas Einzigartiges geschehen war. Was wissen wir über die Reaktionen der Menschen, die das sahen ? Was bedeutet es, wenn auch heute noch in den meisten Kirchen und auf zahllosen Gemälden über dem Gekreuzigten die vier lateinischen Buchstaben INRI stehen? Führt uns die Frage des Pilatus auch zu einem neuen, tieferen Verständnis der Wurzeln des Christentums?*

### Ein Tempel für den Kaiser

Überraschungen sind das tägliche Brot der Archäologen und Papyrologen. Immer wieder gelingen Entdeckungen antiker

Gegenstände und Handschriften, mit denen niemand rechnete. So war es 1961 eine kleine Sensation, als in den Stufen des Theaters von Caesarea Maritima, dem Amtssitz des Provinzgouverneurs in römischer Zeit, das Bruchstück einer Inschrift gefunden wurde, auf der Pilatus erwähnt wird. Bis zu diesem Zeitpunkt kannte man seinen Namen und seine Taten aus literarischen Geschichtsquellen, aus den Schriften des jüdischen Philosophen und Diplomaten Philo von Alexandria (der um 50 n. Chr. starb, also ein Zeitgenosse der ersten Christen war), des jüdisch-römischen Historikers Flavius Josephus, der gegen Ende des 1. Jahrhunderts schrieb, des römischen Historikers Tacitus, der seine Geschichtswerke Anfang des 2. Jahrhunderts verfaßte, und der jüdischen Jesus-Biographen Markus, Matthäus, Lukas (der nach neuesten Erkenntnissen auch Jude war) und Johannes aus der Mitte des 1. Jahrhunderts. Die Inschrift von Caesarea war nun aber offenbar ein Text, den Pilatus selbst in Auftrag gegeben hatte. Deutlich zu sehen ist auf dem Steinfragment, das heute im Israel Museum Jerusalem ausgestellt ist (eine – allerdings schlechte – Kopie steht wieder in Caesarea), das folgende:

]STIBERIEVM[
]NTIVSPILATVS[
]ECTVSIVDAEA[

Völlig zweifelsfrei geht aus diesem Bruchstück hervor, daß hier von einem «Tiberieum» genannten Gebäude gesprochen wird, einem Bauwerk also, das den Namen des römischen Kaisers Tiberius trägt, unter dem Pilatus diente. Ebenso deutlich ist, daß dieses Gebäude von einem Mann namens Pilatus stammte, dessen Hauptname hier zwar nur noch als ...NTIVS erhalten ist, aber ohne Alternative als PONTIVS rekonstruiert werden muß. Und ebenso zweifellos ist in der dritten Zeile das Amt des Mannes als [PRAEF]ECTVS IVDAEA[E], das heißt als Präfekt von Judäa zu lesen. Diese dritte Zeile führte zu einer

Berichtigung des Tacitus. Denn während im griechischen Neuen Testament das Amt des Pilatus mit dem übergeordneten Sammelbegriff «hêgemôn» bezeichnet wird, was soviel wie Gouverneur oder, in Martin Luthers Übersetzung sehr schön, «Landpfleger» heißt, nennt Tacitus ihn Prokurator. Doch das Amt des «Landpflegers» von Judäa wurde erst unter Kaiser Claudius, zur Zeit von Herodes Agrippa I., aufgewertet. Waren Felix und Festus, mit denen Paulus es zu tun bekam, bereits Prokuratoren, so war Pilatus noch ein einfacher Präfekt, ein PRAEFECTVS eben.

Das ist mehr als ein scheinbar nebensächliches Detail römischer Beamtenlaufbahnen. Denn der Präfekt hatte ein militärisches Amt inne, nicht – wie der Prokurator – ein ziviles. In der Anfangszeit der römischen Herrschaft ging es gerade in diesem aufrührerischen Teil des Reichs in erster Linie um Ruhe und Ordnung, die vom Militär zu garantieren waren. Das war zugleich eine Botschaft an die Bevölkerung: Benehmt euch, ihr untersteht einer Militärverwaltung. Die größere Gelassenheit einer zivilen Aufsicht habt ihr euch noch nicht verdient. Claudius, der keineswegs ein großer Freund der Juden war – die Unruhestifter, die für und gegen den Messias Jesus durch die Straßen Roms zogen, vertrieb er im Jahre 48 n. Chr. –, schien vom Erfolg seiner Befriedungspolitik so überzeugt zu sein, daß er sogar dieses unruhige Judäa einem zivilen Prokurator unterstellte. Es war, wie wir wissen, eine verfrühte Entscheidung, denn fünfundzwanzig Jahre später, unter seinem Nachfolger Nero, kam es zur ersten großen Revolte der Juden gegen die Römer.

Die Maßnahme des Claudius war jedoch keineswegs eine allgemeine Reform, von der eher zufällig auch die Juden profitierten. In Ägypten blieb das Amt des militärischen Präfekten bestehen. Pilatus jedenfalls war Präfekt, und er hatte damit ein klar umrissenes Aufgabengebiet: Ihm unterstand nicht nur die militärische Verwaltung, sondern auch die Finanzaufsicht, das heißt die Annahme der römischen Steuern. Zur Regierungsgewalt, dem sogenannten «imperium», die ihm für seinen Zuständigkeitsbereich vom Kaiser verliehen war, gehörte aber auch die juristische Autorität. Mit anderen Worten, im Namen des Kaisers hatte er das Recht und die Pflicht, Todesstrafen zu verhängen und sie vollziehen zu lassen.

Zur Durchsetzung seiner Amtsgewalt stand ihm ein begrenztes Truppenaufgebot zur Verfügung: fünf Infanterie-Kohorten und ein Kavallerie-Regiment. Die Soldaten, die in solchen Einheiten dienten, waren keine Römer, sondern nichtrömische Bewohner seiner Provinz oder Angehörige benachbarter Völker. Juden waren aus religiösen Gründen seit Julius Caesar von der Wehrpflicht befreit. Wir können diese Angaben auch mit ungefähren Zahlen versehen: Die Kavallerie war in sogenannte «Alae» zu je 500, seltener auch 1000 Berittenen untergliedert. Die Infanterie war in Zenturien («Hundertschaften») unterteilt – daher die Bezeichnung «Zenturion» (deutsch häufig als «Hauptmann» wiedergegeben) für einen kommandierenden Offizier. Im Neuen Testament treffen wir den Hauptmann von Kapernaum an und Cornelius, den Hauptmann in Caesarea. Die Kohorten, die aus solchen Zenturien gebildet wurden, konnten 500 oder auch 1000 Mann umfassen und entsprachen daher den «Alae». Solche Einheiten waren über die ganze Provinz verteilt.

Am Verwaltungssitz Caesarea befand sich das stärkste Kontingent, weitere Standorte, die uns auch aus dem Neuen Testament vertraut sind, waren Kapernaum und die Antonia-Festung beim Jerusalemer Tempelberg. Auf der Antonia war eine Kohorte unter dem Kommando eines Tribuns stationiert. Eine zweite Einheit befand sich im unteren Palast des Herodes, der bei bestimmten Anlässen auch als Prätorium (Amtssitz) für den aus Caesarea anreisenden Präfekten diente.

Der Präfekt war dem Legaten der syrischen Oberprovinz unterstellt. Das war also eine Aufsichts- und Kontrollinstanz, aber auch eine Absicherung für den Präfekten. In Krisensituationen konnte er aus unmittelbarer Nachbarschaft Verstärkung anfordern. Im Normalfall war der römische Legat Syriens in Antiochia stationiert. In den ersten Amtsjahren des Pilatus, in die auch die Hinrichtung des Jesus aus Nazareth fiel, gab es allerdings eine folgenreiche Ausnahme:

Weil Tiberius zumindest vorübergehend eine Zentralregierung aufbaute, übte der bis 32 n. Chr. amtierende Legat Lucius Aelius Lamia anders als seine Nachfolger sein Amt in Rom aus. Zwar war der Postweg von Caesarea nach Rom und umgekehrt nicht lang – unter günstigen Wetterbedingungen benötigten Botschaften höchstens vierzehn Tage – , aber es war klar, daß im Zuge eines laufenden Eilprozesses keine Zeit zur Rücksprache mit den Vorgesetzten blieb. Für Pilatus war das einerseits die Gelegenheit, ohne unmittelbares Gegengewicht Regionalpolitik zu machen. Die Situation barg jedoch anderseits ein hohes Risiko, denn in Krisenfällen konnte der Legat nicht sofort um militärische Hilfe gebeten werden. Da Pilatus nur ein begrenztes Truppenkontingent zur Verfügung hatte, mußte er folglich alles tun, um Gefahrenherde sofort in den Griff zu bekommen und selbst kleinste Unruhen sofort im Keim zu ersticken. Zugleich durfte er es in diesen Jahren nicht riskieren, die jüdische Bevölkerung gegen sich aufzubringen. Beide Aspekte können uns verstehen helfen, warum dieser Präfekt einerseits überhaupt bereit war, den potentiellen Unruhestifter Jesus hinzurichten, obwohl er von seiner Schuld nicht völlig überzeugt war, und warum er andererseits dem Druck der jüdischen Machtelite, Jesus zu kreuzigen, relativ schnell nachgab.

Noch eine andere weitreichende Erkenntnis folgt aus der Pilatus-Inschrift von Caesarea: Das Gebäude, zu dem die Inschrift einst gehörte, wird ausdrücklich als «Tiberieum» bezeichnet. Die lateinische Endung «-ieum» entspricht der griechischen Endung «-eion» und kennzeichnet in der Regel ein geweihtes Gebäude zu Ehren der namentlich erwähnten Person. Wir hätten es hier also mit einem Tempel des Kaisers Tiberius zu tun. Und obwohl Tiberius seine gottgleiche Verehrung nicht persönlich einforderte, ist sie doch bestens durch Münzen belegt. Ähnliches gilt, wie wir bereits im ersten Kapitel sahen, auch für Augustus. In Caesarea Maritima und Caesarea Philippi standen nachweislich Augustus-Tempel. Es ist zwar gelegentlich versucht worden, das «Tiberieum» anders zu deuten, zum Beispiel als Leuchtturm, aber dafür gibt es, im Gegensatz zum Kaiserkult, keinerlei Belege. Immerhin war Pilatus wie auch in anderen Fällen zurückhaltend genug, um die Juden nicht unnötig zu provozieren: Seine Stifterinschrift ist kleiner, viel weniger triumphal, als anderswo im römischen Reich üblich.

## Die Botschaft der Münzen

Man muß sich diesen göttlichen Status des Kaisers ganz konkret vorstellen: Eine in Alexandria geprägte Tetradrachme des Tiberius trug auf der Vorderseite den griechischen Text «Tiberios Kaisar Sebastos», lateinisch «Tiberius Caesar Augustus» (Sebastos entspricht dem lateinischen Augustus und bedeutet «der Erhabene»), und auf der Rückseite, den Kopf des Kaisers umgebend, «Theos Sebastos», das heißt also «Gott, Erhabener». Der verharmlosende Versuch, dieses «Theos Sebastos» nur mit «göttlicher Augustus» wiederzugeben, hätte einen gläubigen Juden nicht beeindruckt. «Theos», das heißt nun einmal Gott und nicht nur irgendwie «göttlich».

So wurde folglich Jesus unter einem Kaiser geboren, der im griechischsprachigen Osten des römischen Reichs göttliche

Ehren genoß, und er wurde unter einem Kaiser hingerichtet, der ebenso verehrt wurde. Wenn nun durch die Inschrift in Caesarea sichtbar wird, daß Pilatus diese Verehrung auch öffentlich durch ein eigenes Bauwerk vollzog, dann mußte das Folgen haben für seine Einstellung gegenüber Jesus. Sein Verhör des Nazareners war keine reine Formsache. Pilatus brauchte die rechtliche Gewißheit, ob dieser Mann tatsächlich den Titel «Sohn Gottes», der ihm zugeschrieben wurde, als politische Waffe benutzen wollte, um sich den Status eines Königs anzumaßen. «Sohn Gottes» mochte ein Jude sich gerade noch nennen lassen: Eine gewisse religiöse Freiheit war den Juden ja von den Römern zugestanden. Aber in dem Augenblick, in dem daraus auch noch ein *staatspolitischer*, im Denken des Präfekten Pilatus damit notwendigerweise *militärischer* Anspruch wurde, war das Ende der Toleranz erreicht.

Pontius Pilatus ist uns nicht nur durch die Inschrift in Caesarea als eine politisch handelnde Person nahe. Zahlreiche Münzen, die er prägen ließ, sind erhalten geblieben. Nachweislich hat er drei verschiedene Münztypen veranlaßt. Es waren Bronzemünzen, denn Silber und Gold waren den kaiserlichen Prägestätten vorbehalten. So war beispielsweise die Münze, die sich Jesus von seinen Gegnern geben ließ, wohl eine übliche kaiserliche Tetradrachme: Auf ihr befand sich das Bild des Tiberius und eine Umschrift, die ihn als Sohn Gottes bezeichnete. Auf dieses Bild und den Text bezog sich Jesus in seiner Antwort: «So gebt dem Kaiser, was des Kaisers ist.» Die Bronzemünzen der Präfekten ergänzten dieses Geld und wurden nur im Bedarfsfall hergestellt, nicht als eigenes Zeichen der Macht. Die drei Münzarten, die Pilatus prägen ließ, sind denn auch auffallend bescheiden. Sie tragen weder das Bild des Tiberius noch den Namen des Präfekten, sondern nur den des Kaisers, mit einer Datumsangabe, ergänzt durch stilisierte Gerste oder Beeren in Kranzform. Das konnte als rein jüdische Bildsprache verstanden werden, also durchaus als Geste gegenüber der Bevölkerung. Die frommen Juden waren ja durch die offiziellen Kaisermünzen herausgefordert: Das Bild des Kaisers und sein Bezeichnung als Sohn Gottes mußten als blasphemische Verstöße gegen die Zehn Gebote verstanden werden.

Als typisch römische Zeichen sind auf der jeweils anderen Seite der Stab eines Auguren, eines zukunftsdeutenden Priesters («lituus») hinzugefügt, der einem christlichen Bischofsstab nicht unähnlich sieht, bzw. auf zwei anderen Münzen ein Opfergefäß in Form einer Weinschale («simpulum»). Das war nun aber keineswegs der Versuch, die Juden doch noch zu provozieren. Solche und ähnliche eher harmlosen Kultsymbole konnten, wenn man es denn so wollte, auch ganz alltäglich interpretiert werden: der Stab als Stab des Wanderers, die Weinschale als normales Trinkgefäß oder sogar als Bestandteil des Tempelritus und der Sabbathgebräuche. Ähnliche unjüdische oder mehrdeutige Symbole hatten sogar schon Herodes der Große und sein Sohn Archelaus prägen lassen, ohne daß es deswegen zu Unruhen gekommen war – z.B. einen Heroldsstab, der mit Merkur in Verbindung gebracht werden konnte, oder einen Dreifuß mit Kupfergefäß oder einen Schiffsbug, der an die Gottheiten Castor und Pollux erinnern konnte. Mit anderen Worten: Hätte Pilatus mit seinen Bronzemünzen provozieren wollen, wären Symbole des Kaiserkults oder die «Sohn Gottes»-Bezeichnung leicht unterzubringen gewesen. Doch es steht da nur «Tiberiou Kaisaros», die knappste denkbare Aussage, daß diese Münzen unter der Autorität des Cäsars Tiberius hergestellt wurden. Die Pilatus-Bronzemünzen stammen aus dem 16. Jahr des Tiberius (29/30 n. Chr.), dem 17. Jahr (30/31 n. Chr.) und dem 18. Jahr (31/32 n. Chr.); danach scheint kein weiterer Bedarf an zusätzlichem Kleingeld bestanden zu haben. Es ist wohl eher ein Zufall, daß die Zeit dieser Prägungen zugleich der Zeitraum ist, in dem Jesus öffentlich auftrat und die urchristliche Gemeinde ihre ersten Schritte tat.

## Der älteste Papyrus

So wie man heute noch in Jerusalem Pilatus-Münzen in den Antiquitätenläden findet, und wie jeder Besucher des Israel Museums das Original der Widmungsinschrift sehen kann, so gibt es noch einen anderen Ort, an dem Pilatus plötzlich greifbar nahe ist: die Universitätsbibliothek von Manchester. Dort nämlich liegt die älteste erhaltene Handschrift des Johannesevangeliums. Es ist der berühmte P52, der eigentlich «Papyrus Rylands Greek 457» heißt. Er wird heute meist auf ca. 120 n. Chr. datiert, ist aber doch wohl mindestens ein Vierteljahrhundert älter. Auf dem 8,9 cm x 6 cm großen Stück Papyrus sind zwei Abschnitte des Evangeliums zu lesen: Johannes 18,31–33 und 18,37–38. Sie stammen beide aus dem Verhör von Jesus durch Pilatus:

«Da sprach Pilatus zu ihnen: ‹So nehmt ihr ihn hin und richtet ihn nach eurem Gesetz.› Da sprachen die Juden zu ihm: ‹Wir dürfen niemand töten.› So sollte das Wort von Jesus erfüllt werden, das er gesagt hatte, um anzuzeigen, welchen Todes er sterben würde. Da ging Pilatus wieder hinein ins Prätorium und rief Jesus und fragte ihn: ‹Bist du der König der Juden?›» (Vers 31–33)

«Da fragte ihn Pilatus: ‹So bist du dennoch ein König?› Jesus antwortete: ‹Du sagst es. Ich bin ein König. Ich bin dazu geboren und in die Welt gekommen, daß ich die Wahrheit bezeugen soll. Wer aus der Wahrheit ist, der hört meine Stimme.› Spricht Pilatus zu ihm: ‹Was ist Wahrheit?›» (Vers 37–38)

Da es sich um ein Fragment handelt, das links, rechts und unten abgerissen ist, sind die Verse nicht vollständig. So fehlen z.B. gerade die Namen Pilatus und Jesus. Weil aber genügend Wörter erhalten sind, um die Zeilen zu rekonstruieren, kann man heute die Buchstaben jeder Zeile zählen und die

Wörter vervollständigen. So läßt sich sagen, daß der Schreiber dieses Papyrus' nicht «Pilatos» schrieb, sondern «Peilatos», und daß er in Vers 37 als einziger Schreiber aller Handschriften dieses Evangeliums die Wiederholung zweier Wörter ausläßt, *eis toûto*, die deutsch mit «dazu» wiedergegeben werden: «Ich bin dazu geboren und in die Welt gekommen», wie Luther es intuitiv richtig übersetzte, nicht «ich bin dazu geboren und dazu in die Welt gekommen», wie es zum Beispiel in der «Einheitsübersetzung» steht. Die seltsam aussehende Schreibung des Namens «Pilatus» kommt von einem Schreiber, der die korrekte lateinische Schreibweise des Präfektennamens nie gesehen hatte und vor die völlig richtige griechische *«-os»*-Endung nur nach Gehör das lange «i» so wiedergibt, wie man es aufgrund des damaligen Gleichklangs auch schreiben konnte, nämlich als «ei».

Das ist für den Inhalt des Evangeliums nicht weiter schwerwiegend, zeigt uns aber doch, wie wenig dieser Papyrus von irgendwelchen harmonisierenden Vorlagen abhängig war. Noch deutlicher ist das beim anderen Beispiel, dem Wegfall des zweiten «dazu». Hier schreibt jemand, der noch nicht – wie eine spätere Generation – auf rhetorische Wirkung zielte, sondern das zu Berichtende knapp und sparsam darstellte. Das zweite «dazu» ist inhaltlich überflüssig, nur stilistisch wirkt es für einen bestimmten Zeitgeschmack etwas eleganter. So mag es dann auch später allgemein hinzugekommen sein. Erstaunlicherweise hat sich die ursprüngliche Besonderheit des P52 noch immer nicht bis zu den Herausgebern der griechischen Textausgaben des Neuen Testaments herumgesprochen. Aber es sind gerade solche scheinbaren Nebensächlichkeiten, die uns helfen, die Überlieferung zu verstehen. Das Gespräch zwischen Jesus und Pilatus ist auf dem ältesten Papyrusfragment des Johannesevangeliums erhalten; und dieser Papyrus bewahrt auch noch sprachliche Spuren der Anfänge der griechischen Berichterstattung über den römischen Präfekten. Älter als dieser Papyrus ist keine erhaltene Handschrift irgendeiner griechischen Textstelle, in der Pilatus erwähnt wird.

## Antike Urteile

Auch ohne die Inschrift von Caesarea, die Berichte der vier Evangelien, der Apostelgeschichte (3,13; 4,27) und des 1. Timotheusbriefs (6,13) wäre Pontius Pilatus nicht vergessen worden. Dafür hätten schon die Erwähnungen bei Philo, Josephus und Tacitus gesorgt. Tacitus, der als letzter von allen schrieb, nennt Pilatus nur knapp im Zusammenhang mit der Hinrichtung von Jesus (Annales 15,44) und enthält sich einer Bewertung. Philo und Josephus dagegen stellen seine Handlungen ausführlich dar. Und obwohl beide mit ihren Schriften unterschiedliche Zwecke verfolgen, zeichnen sie ihn übereinstimmend als grausamen, rücksichtslosen Gegner der Juden, dem es mehr um die eigene Macht ging als um objektive Gerechtigkeit. Philo von Alexandria geht dabei am weitesten, und für sein negatives Porträt benötigt er noch nicht einmal die Kreuzigung Jesu. Obwohl christliche Leser einen solchen Bezug erwarten könnten, wäre er im übrigen auch wenig sinnvoll gewesen, denn Philo schreibt über den Präfekten in einem Bericht über die alexandrisch-jüdische Gesandtschaft, die er nach Rom führte, um sich vor Kaiser Caligula für das Bürgerrecht der Juden Alexandrias einzusetzen («Gesandtschaft an Gaius», 299–305). Eine Erwähnung der Kreuzigung von Jesus, die ja von der jüdischen Hierarchie Jerusalems unterstützt wurde, hätte seine Kritik an Pilatus nicht gefördert, sondern abgeschwächt; folglich übergeht er das Ereignis.

Die Strategie Philos ist leicht zu durchschauen: Er betont die Maßnahmen des Pilatus als schwerwiegende Verhaltensfehler eines Inkompetenten, der dem Kaiser und dem gesamten römischen Reich Schande machte. Auf diese Weise kann er die Ursachen der Unzufriedenheit vieler Juden mit der römischen Reichsmacht auf den Schultern eines inzwischen längst entmachteten Provinzverwalters abladen. Um so leichter, so legt Philo es nahe, könnte der neue Kaiser, der Nachfolger des Gaius Caligula – Claudius nämlich – mit projüdischen Maßnahmen die römische Größe wiederherstellen. Die Juden sind gerade in religiösen Belangen ungemein empfindlich, will Philo vermitteln, und Pilatus habe sich ständig gegen diese sensible Mentalität vergangen. Um das darzustellen, listet er die Vergehen gegen Juden und Samaritaner in dramatischer Zuspitzung auf. Die Hinrichtung des Jesus von Nazareth darf da nicht vorkommen, denn sie belegte das Gegenteil dessen, was Philo darstellen will.

Josephus dagegen, der kein polemisches Pamphlet verfassen will, sondern subjektiv gedeutete jüdische Geschichte, nennt einfach nur das Faktum der Kreuzigung im Zusammenhang mit dem Auftreten von Jesus und der Existenz einer Gemeinschaft seiner Anhänger («Jüdische Altertümer» 18, 63–64). Die interpretierende Kritik an Pilatus stützt Flavius Josephus auf die nicht wenigen anderen Handlungen, die sich unmittelbar gegen Juden und Samaritaner richteten. Ohne den Präfekten zu entschuldigen – auch Josephus hält ihn für einen brutalen Versager –, gesteht er ihm zumindest das Bemühen zu, Recht und Ordnung zu wahren. Bei ihm fällt nun allerdings eine Übereinstimmung mit den Evangelien auf: Auch er deutet wie die vier Evangelisten an, daß sich der Präfekt und die Hohenpriester gut verstanden. Offenbar arbeiteten sie gelegentlich sogar dann zusammen, wenn es dagegen Mißstimmungen in der Bevölkerung gab.

Beim Bau einer Wasserleitung nach Jerusalem, ca. 29 n. Chr., wurde Geld aus dem Tempelschatz verwendet, und es kam zu einem Aufruhr, der gewaltsam niedergeschlagen wurde. In den «Jüdischen Altertümern» wird das Vorgehen des Pilatus weniger drastisch dargestellt als im früheren «Jüdischen Krieg» des gleichen Autors; doch beide setzen voraus, daß die Tempelverwaltung nicht gegen die ursprüngliche Maßnahme war, nämlich die Verwendung von Tempelgeldern für das Bauvorhaben. Anders gesagt: Die Hohenpriester operierten pragmatisch und sahen in erster Linie den Nutzen der Wasserleitung für die gesamte Bevölkerung, auch wenn die privaten Bäder des Präfekten davon profitierten und die Gelder nicht aus der Reichskasse kamen. Teile der frommen Einwohnerschaft sahen dagegen zuerst die Zweckentfremdung der Tempelgelder und waren nicht davon überzeugt, daß der Zweck die Mittel heilige.

Der gewaltsam und mit Todesopfern beendete Streit um das Aquädukt und die Geldquellen fand nicht lange vor dem Verfahren gegen Jesus statt. Es ist also keineswegs auszuschließen, daß die Nachgiebigkeit des Präfekten gegenüber dem Sanhedrin auch ein Versuch der Wiedergutmachung des Schadens war, den er mit seiner zwar formal begründbaren, aber zu Panik, Grausamkeit und Todesfällen führenden Vorgehensweise gegen die Jerusalemer Aufrührer angerichtet hatte. Jenen kleinen, aber lautstarken, erneut Unruhe stiftenden Mob, der im Vorhof des Palastes gegen Jesus schrie (kein Evangelist behauptet natürlich, daß es alle Juden waren – das war schon aufgrund des begrenzten Platzes ausgeschlossen!) konnte Pilatus praktischerweise gleichzeitig auch noch zufriedenstellen. Kurz – die jüdische Hierarchie verstand es durchaus, mit dem gleichen rhetorischen Geschick, das auch Philo von Alexandria aufbot, Druck auszuüben. Es wäre nicht angemessen, von Erpressung zu reden oder, wie das gelegentlich geschieht, diesen Juden schieren Eigennutz und andere Charakterschwächen vorzuhalten. Es ging im Gegenteil zuerst um einen Überlebenskampf mit – noch – friedlichen Mitteln. Da, wo die Zeloten mit bewaffnetem Aufstand drohten, wollte der Sanhedrin alle Möglichkeiten geschickter Verhandlungsführung nutzen, um die Übermacht Roms mit Argumenten umzulenken.

## Ein Freund des Kaisers

In dieses historische Gesamtbild paßt auch die wohl berühmteste Szene der Beeinflussung des Präfekten: Als Pilatus nach dem Verhör keine konkrete Handhabe römischen Rechts gegen Jesus fand und ihn freilassen wollte, riefen ihm die hohenpriesterlichen Handlanger zu: «Läßt du diesen frei, so bist du des Kaisers Freund nicht; denn wer sich zum König macht, der ist gegen den Kaiser» (Johannes 19,12). Zwar hatte sich Pilatus davon überzeugt, daß Jesus kein politischer König sein wollte. Aber er hätte das dem politisch denkenden Kaiser im Zweifelsfall dann erst noch erklären müssen, wie so etwas im einzelnen aussehen sollte: ein König zu sein, ohne König zu sein. Würde der Sanhedrin die nicht ausgesprochene, aber doch angedeutete Drohung wahr machen und einen eigenen Bericht zum Legaten oder direkt an den Kaiser schicken, dann wäre das auf jeden Fall mit viel Ärger verbunden gewesen. Daß solche Überlegungen keine belanglosen Gedankenspielereien waren, stellte sich dann ja in der Tat gleich zweimal heraus. Zuerst bereits im Herbst des Jahres 31 n. Chr., anderthalb Jahre nach der Kreuzigung Jesu, als Pilatus vergoldete Kaiserschilder im herodianischen Palast anbrachte. Obwohl sie kein Kaiserbildnis zeigten, also nicht gegen das jüdische Bilderverbot verstießen, trugen sie offenbar eine Inschrift, in der Tiberius – wie auf manchen seiner eigenen Münzen – als der Sohn des göttlichen Augustus bezeichnet wurde, was auf griechisch als «Sohn Gottes» («hyios theou») wiedergegeben wurde und als Blasphemie verstanden werden mußte. Die Ironie, wenn man so will, lag darin, daß Pilatus einerseits auf jüdische Empfindlichkeiten Rücksicht nahm, indem er anders als zuvor beim Einzug der römischen Feldstandarten in die Stadt Jerusalem nicht mehr das Bildnis des Kaisers darstellen ließ, andererseits aber mit der Bezeichnung des Kaisers als Sohn Gottes und des Augustus als Gott noch viel Schlimmeres bewirkte und einen Tumult hervorrief.

Daß in der Stadt des Tempels, im Herodespalast selbst, eine fremde Gottheit «verehrt» wurde, war Grund zur Unruhe. Auch das hätte nicht geschehen müssen, denn die Schilder waren im Inneren des Palastes angebracht, also nicht öffentlich sichtbar. Die Information darüber, die dann zu den Unruhen führte, hatte also erst von «Insidern» dem Sanhedrin verraten werden müssen. Und die Unruhe der frommen Juden wurde nun – wie im Jahr zuvor beim Prozeß gegen Jesus – kaum verhüllt formuliert: Sie verlangten, eine Delegation zum Kaiser Tiberius zu senden. So jedenfalls berichtet es Philo («Gesandtschaft an Gaius», 302). Pilatus wagte nicht, die Schilder wieder abzunehmen, denn er hatte sie ja immerhin zu Ehren des Kaisers angebracht. So wurde in der Tat ein Brief an Tiberius geschickt, und dieser befahl Pilatus in scharfem Ton (Philo zufolge jedenfalls), die Schilder aus der heiligen Stadt der Juden zu entfernen und am Tempel des Augustus in Caesarea anzubringen. Es ist durchaus möglich, daß der Tiberius-Tempel von Caesarea, das «Tiberieum», wenig später errichtet wurde, als ein Versuch des Pilatus, seinen Kaiser wieder zu besänftigen.

Der zweite vergleichbare Zwischenfall ereignete sich fünf Jahre später: Da protestierte der Stadtrat von Samaria beim Legaten Vitellius gegen die brutal scheinenden Maßnahmen, die Pilatus gegen die aufständischen Samaritaner ergriffen hatte, und Vitellius schickte den Präfekten nach Rom. Er kam von dort nie wieder zurück. Beide Fälle, der Streit um die Schilder und der Konflikt um die Samaritaner, hatten nicht mit Einzelpersonen zu tun. Als es um Jesus ging, konnte Pilatus noch anders abwägen. Hier stand, in seinen Augen, das Interesse eines einzelnen, nämlich des Jesus von Nazareth, gegen die Interessen der jüdischen Elite, vielleicht sogar einer großen Gruppe der Bevölkerung – wie viele es wirklich waren, konnte Pilatus kaum abschätzen, und die Gruppe um den Hohenpriester hatte natürlich jedes Interesse daran, sie größer erscheinen zu lassen, als sie in Wirklichkeit war. Und da war ihm das Risiko, zugunsten der Einzelperson zu entscheiden, offensichtlich zu groß.

Immerhin: Der Sanhedrin kannte sich aus. Er erinnerte ihn daran, daß sein Ehrentitel «amicus Caesaris», «Freund des Kaisers», auf dem Spiel stand. Als hoher römischer Beamter dürfte er den berühmten Fall des Präfekten Gaius Cornelius Gallus gekannt haben. Dieser Mann hatte Großes geleistet, und sein Name ist noch immer auf dem Obelisken zu sehen, der heute auf dem Petersplatz in Rom steht. Von Augustus wurde ihm wegen Illoyalität, Undankbarkeit und nicht näher bezeichneter weiterer Vergehen sein Ehrentitel «Freund des Kaisers» aberkannt. Was wie eine harmlose kleine Disziplinarstrafe klingt, hatte katastrophale Folgen. Diese Aberkennung der Freundschaft, die «renuntiatio amicitiae», führte dazu, daß Gallus aus dem beamteten Staatsdienst ausgeschlossen, vom Hof verbannt und aus den kaiserlichen Provinzen exiliert wurde. Verzweifelt beging er 26 n. Chr., vier Jahre vor dem Jerusalemer Prozeß gegen Jesus, Selbstmord. Die Erinnerung daran mußte für Pilatus noch frisch genug sein, als er davor gewarnt wurde, nicht mehr «Freund des Kaisers» zu sein, falls er den «König» Jesus nicht ausschalten würde. Und sollte es zutreffen, daß er vorübergehend mit dem Tiberius-Gegner Sejanus paktierte, der schließlich 32 n. Chr. hingerichtet wurde, dann hätte er allen Grund gehabt, besonders vorsichtig und vor allem noch nachgiebiger gegenüber einem so formulierten Druck zu sein, als es ohnehin schon in seiner Natur lag.

## Eine römische Untersuchung

Pilatus war mit Sicherheit ein höchst unangenehmer Zeitgenosse, dessen Zugeständnisse gegenüber Männern wie Kaiaphas nicht einer Liebe für die von ihm in der Regel zweifellos verachteten Juden entsprang, sondern purem machtstrategischem Kalkül. Seine Karriere setzte auch ein solcher Präfekt nicht unnötig aufs Spiel. Althistoriker haben mehr als einmal nachgewiesen, daß sich das Verfahren gegen Jesus, nachdem es aufgrund der Anzeige des Sanhedrin in Gang gekommen war, durchaus nach den Regeln des römischen Strafrechts abspielte. Es ist daher keineswegs eine negative Aussage der Evangelisten gegen den Sanhedrin, wenn ganz korrekt festgestellt wird, daß sie die erforderliche Rolle der Strafverfolger übernahmen. Dafür gab es sogar einen lateinischen Fachausdruck, «delatores». Der Präfekt leitete die Untersuchung, die «cognitio». Er durfte also nicht selbst der Ankläger sein.

Sogar in einem besonders auffälligen Punkt entspricht das Vorgehen des Pilatus den römischen Prozeßregeln: Er stellte zu Beginn die für eine mögliche Verurteilung maßgebliche Frage: «Bist du der König der Juden?» Doch Jesus verteidigte sich nicht, wie der Präfekt es eigentlich erwarten mußte. Er antwortete mit einer Gegenfrage: «Sagst du das von dir aus, oder haben dir das andere über mich gesagt?» Daraufhin begann ein Dialog in unbeantworteten Fragen und Gegenfragen, in dessen Mitte Pilatus erneut die maßgebliche Frage stellte: «So bist du dennoch ein König?» Und wieder erhielt er eine Antwort, mit der er im Rahmen seines Denkhorizonts juristisch nichts anfangen konnte: «Du sagst es. Ich bin ein König. Ich bin dazu geboren und in die Welt gekommen, daß ich die Wahrheit bezeugen soll. Wer aus der Wahrheit ist, der hört meine Stimme.»

Pilatus war ratlos. Die für den römischen Beamten kaum verständliche, jüdischem Denken verpflichtete Antwort des Gefangenen bot keine Angriffsflächen. Ein wirklicher Königsprätendent hätte nicht nur anders antworten müssen, auch seine Handlungen hätten längst anders aussehen müssen. Pilatus wußte ja, daß Jesus seiner Festnahme keinen Widerstand entgegengesetzt hatte, daß er sogar den einsamen, hilflosen Versuch eines seiner Anhänger, mit einem einzigen Schwert etwas zu bewirken, nicht unterstützt, sondern verurteilt hatte. Wie sollte er mit diesem Mann umgehen? Für philosophische Streitgespräche fehlte ihm an einem solchen hektischen Tag vor dem Pesach-Fest, an dem auch noch anderes abzuhandeln war, schlicht die Zeit. Gereizt fragte er zurück: «Was ist Wahrheit?», wollte die Antwort aber gar nicht hören und verließ den Raum.

Doch noch ein drittes Mal versuchte er, Jesus dazu zu bringen, sich zu verteidigen. Schon hatte er ihn in üblicher Weise geißeln lassen und dem Spott seiner Soldaten ausgeliefert. Ihm hätte das als abschreckende Strafe gereicht. Erneut aber erinnerte ihn die kleine, lautstarke Gruppe rund um die Hohenpriester daran, daß dieser Jesus sich eines nach ihrem eigenen Rechtsverständnis todeswürdigen Verbrechens schuldig gemacht hatte. Sie brachten den Titel des «Sohnes Gottes» vor, und Pilatus wußte, daß hier auch Vorrechte des Kaisers angesprochen waren. So ging er nun ein drittes und letztes Mal zurück in das Prätorium, um Jesus erneut die Gelegenheit zur Verteidigung zu geben: «Woher bist du?» Aber der Angeklagte schwieg. Pilatus insistierte: «Weißt du nicht, daß ich Macht habe, dich loszugeben, und Macht habe, dich zu kreuzigen?» Mit der Antwort, die Jesus ihm nun doch noch gab, konnte der Präfekt erneut nichts konkret Juristisches anfangen. «Du hättest keine Macht über mich, wenn es dir nicht von oben gegeben wäre. Darum: der mich dir überantwortet hat, der hat größere Sünde.»

Das war immerhin eine riskante Replik. Wie konnte Jesus es wagen, dem mächtigsten Mann, den das römische Reich in Jerusalem aufzubieten hatte, ins Gesicht zu sagen, daß er keine Macht über ihn hatte? Wie konnte er allem Anschein nach sogar noch dessen Vorgesetzten herausfordern? Sicher hat Pilatus das nicht so verstanden. Seine Reaktion läßt jedenfalls nicht vermuten, daß er nun gegen Jesus wegen einer Beleidigung der Autorität des Kaisers vorgehen wollte. Tatsächlich war auch für den Präfekten leicht zu durchschauen, wen Jesus meinte – keinen anderen nämlich als Kaiaphas, den Hohenpriester, der für sich beanspruchte, Gottes Autorität für sein Handeln zu besitzen. Grundsätzlich ist der Gedanke vom frühen Christentum nie in Frage gestellt worden: Wie schon im Alten Testament die Sprüche Salomos 8,15–16, so kann noch Paulus im Römerbrief ausdrücklich betonen, daß alle staatliche Autorität von Gott eingesetzt ist, und die Debatte darüber, wie das genau zu verstehen sei, hat z.B. den christlichen Widerstand gegen Hitler und den Nationalsozialismus lange behindert. Deutlich ist aber vor allem, daß Kaiaphas wegen der auf Gott zurückzuführenden Autorität stets Gott gegenüber für sein Handeln verantwortlich war.

Das galt selbstverständlich auch für Pilatus und den Kaiser, und es wird auch nicht dadurch abgeschwächt, daß der Präfekt und sein Caesar mit den Konsequenzen des jüdischen Gottesbilds wohl kaum etwas anzufangen wußten. In dieser Szene spielte das allerdings auch kaum eine Rolle. Denn Jesus erkannte an, daß Pilatus im Prozeßverfahren bis zu diesem Punkt nur seines Amtes waltete, so wie es der Kaiser von ihm erwarten mußte. Kaiaphas dagegen verfolgte eigene, den Willen Gottes ignorierende Interessen, er stellte falsche Zeugen und falsche Behauptungen auf. Da solches Fehlverhalten von einem Mann kam, der als Hoherpriester das höchste geistliche Amt ausübte, Gott also besonders nahe sein sollte und persönlicher Willkür nicht nachgeben durfte, konnte Jesus das Vergehen des Kaiaphas für sündhafter halten als die Maßnahmen des römischen Präfekten.

Um den Abschnitt des Johannesevangeliums richtig zu verstehen, müssen wir ihn also mit einer Unterteilung wiedergeben:

1) *«Du hättest keine Macht über mich, wenn es dir nicht von oben her gegeben wäre.» Das konnte Pilatus auf den Kaiser beziehen, auch wenn Jesus vor allem an Gott gedacht haben mag.*
2) *«Darum» – das heißt: weil alle Macht, die des Präfekten ebenso wie die des Hohenpriesters, von Gott kommt – «hat der, der mich dir überantwortet hat, die größere Sünde.»*

Pilatus wußte ja, wer ihm den Nazarener überantwortet hatte. Nicht der Kaiser in Rom, sondern der Hohepriester in Jerusalem. So kann und will er auch hier wieder nicht einen juristisch haltbaren Grund sehen, um Jesus zu verurteilen.

Dieses Vorgehen des Pilatus, das dreimalige Fragen mit dem anschließenden Ergebnis – in diesem Fall das Vorhaben, den Beschuldigten freizulassen –, entsprach ganz und gar dem üblichen römischen Prozeßablauf. Ein klassisches Beispiel ist uns von Plinius dem Jüngeren überliefert. Er war von 110 n. Chr. bis zu seinem Tod im Jahr 113 n. Chr. Statthalter (Legat) der römischen Provinz Bithynien-Pontus, in der schon früh Christen lebten – der um 60 n. Chr. entstandene 1. Petrusbrief ist u. a. an diese Christen adressiert. Bleibende Berühmtheit erlangte Plinius durch seinen Briefwechsel mit Kaiser Trajan, in dem auch das korrekte Vorgehen gegen Christen erörtert wird. Plinius, im Amt also ein späterer Kollege des Pilatus-Vorgesetzten Vitellius, berichtete dem Kaiser von seinem Verfahren gegen verdächtige Christen:

«Vorerst habe ich bei denen, die bei mir als Christen angezeigt wurden, folgendes Verfahren angewandt: Ich habe sie gefragt, ob sie Christen seien. Wer gestand, den habe ich unter Androhung der Todesstrafe ein zweites und drittes Mal gefragt. Blieb er dabei, ließ ich ihn abführen. Denn mochten sie vorbringen, was sie wollten, Eigensinn und unbeugsame Halsstarrigkeit glaubte ich auf jeden Fall bestrafen zu müssen. Andere in dem gleichen Wahn Befangene habe ich, weil sie römische Bürger waren, zur Überführung nach Rom vorgemerkt» (Plinius, Briefe, 10,96,3–4). Und Trajan stimmte zu: «Bei der Untersuchung der Fälle derer, die bei dir als Christen angezeigt worden sind, hast du den rechten Weg eingeschlagen» (10,97,1).

Pilatus tat noch ein übriges. Weil Jesus ein Galiläer war, zog er, wie Lukas berichtet (Lukas 23,6–12), den von den Römern eingesetzten galiläischen Tetrarchen hinzu, Herodes Antipas, der sich wegen des hohen jüdischen Pilgerfestes ebenfalls in Jerusalem aufhielt. Da dieser Antipas ein enger Vertrauter des Kaisers war – was uns wiederum Flavius Josephus berichtet –, mußte sein Wort Gewicht haben. Man kannte ihn auch als großen Bauherrn. Die neue Landeshauptstadt Galiläas, Tiberias, wurde von ihm am Reißbrett entworfen und nach dem Kaiser benannt. Gläubige Juden, nicht zuletzt Jesus selbst, machten allerdings einen Bogen um die neue Hauptstadt. Antipas hatte sie nämlich ohne Rücksicht auf fromme Befindlichkeiten teilweise über einem alten Gräberfeld errichten lassen. So kam es, daß die Bewohner, die Jesus hören wollten, zu ihm reisen mußten (Johannes 6,23). Jesus hielt nicht viel von «seinem» Landesfürsten. Er nannte ihn den «Fuchs» und hatte allen Grund, ihm aus dem Weg zu gehen, denn es war dieser Antipas, der Johannes den Täufer umgebracht hatte. Das muß Pilatus noch nicht einmal gewußt haben; ihn interessierte nur der formaljuristische Aspekt: Eine Aussage des Herodes Antipas für oder gegen Jesus konnte für ihn bei der Urteilsfindung und deren etwaiger Rechtfertigung gegenüber dem Kaiser nur nützlich sein. Der Tetrarch freute sich auf die Begegnung mit Jesus. Er war wohl aufrichtig neugierig auf den Wundertäter – schon vor der Hinrichtung des Täufers hatte er sich, wie wir im 2. Kapitel sahen, für Jesus sehr interessiert (Matthäus 14,1–2).

Auch vor Antipas schwieg Jesus jedoch, und wie kaum anders zu erwarten, wurde er von der anwesenden hohenpriesterlichen Gruppe lautstark beschuldigt, schließlich dann vom Tetrarchen und seinen Leuten verspottet und zu Pilatus zurückgeschickt. Zu einem Urteil, das nach der Hinrichtung von Jesus verlangt hätte, war auch Antipas offensichtlich nicht gelangt. Das Kalkül des Pilatus, sich für alle Fälle abzusichern, war immerhin aufgegangen, und in einer dieser kleinen, höchst aufschlußreichen Randnotizen hält Lukas fest, daß der Präfekt und der Landesfürst «von diesem Tag an Freunde wurden» (Lukas 23,12).

## Ein Justizmord?

So kann man leicht den Eindruck gewinnen, daß Pilatus kein besonderes Interesse an einer Hinrichtung des Nazareners hatte. Weder er noch sein neuer Freund Herodes Antipas nahmen ihn ernst. Eine persönliche Bedrohung war er für sie erst recht nicht. Ein politischer König war Jesus nicht, das hatten sie trotz des wiederholten Schweigens seinen vieldeutigen Auskünften entnehmen können. Auch der Anspruch, Sohn Gottes zu sein, war noch kein Majestätsverbrechen. Es ist kein Antijudaismus, wenn man feststellt, daß bis zu diesem Punkt nichts am Verfahren des Pilatus unkorrekt war und seine gegen Jesus gerichteten Maßnahmen im wesentlichen auf den Druck einer geschickt operierenden jüdischen Lobby – nicht aller Juden, wohl noch nicht einmal auch nur einer annähernden Mehrheit der Juden Jerusalems – zustande kamen. Auch der Sanhedrin dürfte kaum in seiner Gesamtheit mitgewirkt haben, jedenfalls nicht einstimmig. Joseph von Arimathäa, ein Mitglied dieses Hohen Rates ebenso wie Nikodemus, sind uns namentlich als wenigstens zwei Personen aus dem Kreis dieser Körperschaft bekannt, die nicht für die Tötung von Jesus waren (Lukas 23,50–53; Johannes 7,50–52; 19,38–42). Das

Ergebnis des römischen Gerichtsverfahrens ist ein Freispruch: «Ich finde keine Schuld an ihm.» Angesichts der Sachlage hätte Pilatus nach geltendem Recht auch kaum zu einem anderen Ergebnis kommen können.

Was danach geschah, das war, wie wir bereits sahen, das Versagen des Pilatus auf ganzer Linie. Auch der Poker um den Terroristen Barabbas, den Kaiaphas gewann, änderte nichts mehr daran: Der Präfekt handelte wider besseres Wissen, er veranlaßte einen klassischen Justizmord. Und so bleibt zum Schluß die Hauptschuld beim Vertreter des römischen Reichs. Nicht «die Juden» haben den Juden Jesus getötet, auch nicht «die Römer», sondern der einzige, der an Ort und Stelle die Macht dazu hatte, der römische Präfekt Pontius Pilatus. Er selbst ließ daran keinen Zweifel und dokumentierte diese Handlung und seine Verantwortung dafür, indem er nach römischem Brauch über dem Gekreuzigten einen amtlichen Text anbringen ließ.

## Die Frage als Antwort

«Bist du der König der Juden?» – Genötigt, auf diese Frage ein anderes «Ja» zu konstatieren, als er es gehört und als Jesus es gesagt hatte, nahm Pilatus den Titel als formellen Strafgrund. Das war nach römischem Recht die «causa poenae», der Anlaß bzw. Grund für die Strafverurteilung, die vor dem Verurteilten zum Richtplatz getragen und an der Hinrichtungsstelle angebracht wurde. Die Evangelisten zeigen sich ausnahmslos gut informiert: Matthäus und Markus benutzen den entsprechenden griechischen Fachausdruck für den Text über dem Kreuz und schreiben «aitia» (Matthäus 27,37; Markus 15,26). Johannes gebraucht das gleiche Wort mehrmals in seiner Darstellung der juristischen Schuldsuche des Pilatus (Johannes 18,38; 19,4.6). Und Johannes kennt auch den Ausdruck für die Tafel, auf der dieser Schuldspruch angebracht war. Da es um eine römische Rechtsangelegenheit ging, war es ein lateinisches Wort – «titulus». Er bringt es natürlich in griechischer Form, «titlos». Was schrieb nun Pilatus? Alle vier Berichterstatter sind sich einig: Über dem Kreuz stand, allgemein sichtbar, «Der König der Juden».

Markus faßt es am knappsten: «Und es stand über ihm geschrieben, welche Schuld man ihm gab: ‹Der König der Juden›» (Markus 15,26). Matthäus ergänzt: «Und oben über sein Haupt setzten sie eine Aufschrift mit der Ursache seines Todes: ‹Dies ist Jesus, der Juden König›» (Matthäus 27,37). Während Markus sich noch auf den reinen Strafgrund beschränkt hatte, fügt Matthäus ein wichtiges Detail hinzu: Der Name des Hingerichteten war Bestandteil eines solchen Titulus, denn den Zuschauern und Vorbeigehenden sollte klargemacht werden, um wen es da ging. Lukas variiert leicht die Formulierung der «causa poenae» und schreibt: «Das ist der Juden König» (Lukas 23,38). Den griechischen Satz müßte man eigentlich anders übersetzen, um die Pointe zu vermitteln: «Der König der Juden, dieser da». Mit anderen Worten: Die Verärgerung und der Spott des Pilatus, weniger gegen Jesus als vielmehr gegen die Verantwortlichen unter den Juden gerichtet, wird nachdrücklich hervorgehoben. Seht ihn euch doch an, euren König. Johannes schließlich überliefert die ausführlichste Darstellung: «Pilatus aber schrieb eine Aufschrift und setzte sie auf das Kreuz. Und es war geschrieben: ‹Jesus von Nazareth, der König der Juden›. Diese Aufschrift lasen viele Juden, denn die Stätte, wo Jesus gekreuzigt wurde, war nahe bei der Stadt. Und es war geschrieben in hebräischer, lateinischer und griechischer Sprache» (Johannes 19,19.20).

Johannes ist der einzige, der ausdrücklich etwas festhält, was verfahrenstechnisch gar nicht anders gegangen wäre: Die Inschrift mußte von Pontius Pilatus selbst veranlaßt werden.

Daß er sie mit eigener Hand schrieb, sagt der Evangelist natürlich nicht. Dafür hatte der Präfekt seine Leute. Er dürfte den Text in der Amtssprache des römischen Reichs diktiert oder auf einem Blatt vorformuliert haben, mit dem Auftrag an einen Bediensteten, die beiden anderen erforderlichen Sprachen – die Johannes ganz richtig erwähnt – hinzuzufügen: Hebräisch, weil es um Juden und den «König der Juden» ging; griechisch, weil dies die allgemeine Sprache aller Pilger aus dem ganzen Reich war, die sich zum Pesach-Fest in Jerusalem aufhielten. Alle sollten ja verstehen, was da geschah und warum. Es war Vorschrift, eine Hinrichtung außerhalb der Stadtmauern vorzunehmen und dort meist an einem allgemein zugänglichen, gut einsehbaren Platz, z.B. auf einer Anhöhe oder an einer Straßenkreuzung. Und auch die größere Ausführlichkeit des Johannes-Berichts entspricht sicher dem Text, den der Präfekt in Auftrag gab. Während sich die anderen drei Berichterstatter auf die «causa poenae», den Grund der Verurteilung, beschränkten, nimmt sich Johannes Platz und Zeit, um die Details weiterzugeben. «Jesus» hätte auf einer amtlichen Inschrift kaum gereicht, denn das war statistisch der dritthäufigste jüdische Männername zu dieser Zeit. Um also unmißverständlich klarzustellen, welcher Jesus da am Kreuz hing, wurde «der Nazoräer» hinzugefügt. So steht es im griechischen Text des Johannes. Er hat sich offenbar, als Jude weitgehend hebräisch denkend, an die hebräische Bezeichnung für einen Mann aus Nazareth gehalten, «ha Nozri», was sich griechisch gut mit «Nazoraios» umschreiben läßt.

Wie Pilatus es auf Latein vorgegeben hatte, ist hier natürlich nicht mitüberliefert. Sprachlich korrekt wäre «Nazarinus» oder «Nazarensis». Die Fassung, die wir aus vielen Kirchen und zahlreichen Gemälden kennen, wo die Abkürzung INRI über dem Kreuz steht und nach der lateinischen Bibelfassung als «Iesus Nazarenus Rex Iudaeorum» ausgeschrieben wird, ist jedenfalls nicht das klassische Latein eines offiziellen Dokuments: Das lang auszusprechende «e» von «Nazarenus» ist hier aus dem Griechischen abgeleitet, und zwar nicht so, wie es bei Johannes steht (der ja «Nazoraios» hat), sondern so, wie es an anderen Evangelienstellen zu finden ist, die den Ortsnamen in einer leichter erkennbaren Form wiedergeben, «Nazarenus» mit langem «e», griechisch «Eta» – zum Beispiel in Markus 16,6 und Lukas 24,19.

Solche scheinbar nebensächlichen Einzelheiten gehören zur Genauigkeit der Rekonstruktion aller Maßnahmen des Präfekten. Ob wir die Kreuzesüberschrift mit vielen Interpreten als bewußte Verspottung der Juden sehen oder als seine Rache am Hohenpriester, der Pilatus dazu genötigt hatte, den Unschuldigen hinzurichten – eins ist sie auf jeden Fall: ein weiterer Hinweis darauf, wie genau es Pilatus bei aller charakterlichen Schwäche mit seinen Amtspflichten nahm. Seine Frage an Jesus, von der das Urteil abhängen mußte, findet sich als Begründung der Todesstrafe über dem Kreuz wieder. Die hohepriesterliche Gruppe protestierte: «Schreib nicht: ‹Der König der Juden›, sondern daß er gesagt hat: ‹Ich bin der König der Juden›» (Johannes 19,21). Abgesehen davon, daß Pilatus genau wußte, daß Jesus das selbst so nie gesagt hatte, zieht er sich nun auf seine Amtsposition zurück, sicher nicht ohne den entnervten Trotz des Beamten, dem es jetzt wirklich reicht: «Was ich geschrieben habe, das habe ich geschrieben» (Johannes 19,22).

Ein jüdischer Gelehrter, Schalom Ben-Chorin, hat vor vielen Jahren schon vermutet, daß der hohepriesterliche Protest einen nur für gebildete Juden sofort erkennbaren Anlaß gehabt haben könnte: Wenn dort auf Hebräisch stand «Jeschu Hanozri W(u)melech Hajehudim», wörtlich «Jesus der Nazoräer und König der Juden», dann begann jede der vier Wortgruppen mit einem der Buchstaben des heiligen Tetragramms für den unaussprechlichen Namen Gottes, JHWH. Eine Rekonstruktion der stark beschädigten hebräischen Zeile des Titulus-Fragments in der römischen Kirche Santa Croce in Gerusalemme, die vom Autor dieses Buchs vorgenommen und inzwischen auch veröffentlicht wurde, ergibt wenigstens den wiederhergestellten Rest «HaNozri». Soweit wenigstens spricht nichts gegen Ben-Chorins Vermutung.

Zusätzlich bestätigt wird sie noch durch die besser erhaltene griechische Zeile des wohl echten Holzfragments in Rom: Dort nämlich ist zu lesen, spiegelschriftlich von rechts nach links geschrieben – was für einen jüdischen Bediensteten des Pilatus spricht, der in großer Eile einfach weiter so schrieb, wie er in der darüberliegenden hebräischen Zeile ganz richtig geschrieben hatte: BCȣNEPAZAN, also richtig herum gelesen NAZAPENȣCB. Überträgt man die griechischen Buchstaben in unsere Schrift, ergibt das «Nazarenȣs B[...]», also "Nazaren(ou)s B[asileus]», auf deutsch «Nazarener, König». Neben der ungewöhnlichen Rechts-Links-Schreibweise fällt vor allem das eigentümliche «ȣ» auf. Es ist in antiken Inschriften als Kürzel für «OY» bekannt, kann aber auch allein für ein «Y» stehen, das als «U» auszusprechen war. Das ist auch deswegen auffällig, weil ja die vertraute griechische Form, wie wir sie aus den Evangelien kennen, «Nazarenos» ist, also weder mit «u» noch mit «ou» geschrieben, sondern mit «o». Hatte der Schreiber jedoch eine lateinische Vorlage, wie Pilatus sie ihm gegeben haben muß, dann stand da «Nazarinus». Genau so finden wir es tatsächlich in der dritten Zeile des römischen Holzstücks. Das lateinische «u» war dann in der Eile schnell als griechisches «u/y» aufgefaßt und entsprechend geschrieben. Aber der Schlüssel zu dieser Besonderheit könnte noch ein ganz anderer sein: Das ȣ ist nämlich von antiken jüdischen Schekel-Münzen vertraut und kennzeichnet das königliche «Siegel». Sollte der Schreiber des Titulus tatsächlich ein Jude gewesen sein, der ähnlich wie Joseph von Arimathäa, Nikodemus, die Jünger und viele andere in Jesus auch am Kreuz noch das Herausragende sahen? Dann hätte er hier den bösen Spott des Pilatus ganz wörtlich genommen und mit dem königlichen Ɣ ausgedrückt, daß der Gekreuzigte tatsächlich «König der Juden» war – nur eben anders, als der Hohepriester und der Präfekt es vermitteln wollten. So hatten die Protestierenden allen Grund für ihren Einspruch: Ein Königszeichen und möglicherweise auch noch das heilige Tetragramm, das war für sie unerträglich.

Das Fragment in Rom kann keine Fälschung sein. Es folgt keiner Vorlage der Evangelienhandschriften so, wie ein Fälscher es selbstverständlich getan hätte, um nicht aufzufallen. Sogar das richtige «i» im lateinischen «Nazarinus» unterscheidet sich vom eigenwilligen «e» der späteren lateinischen Überlieferung, das ein Fälscher aus der lateinischen Bibel abgeschrieben hätte. Und die Reihenfolge der Sprachen auf dem Stück Holz ist Hebräisch – Griechisch – Latein, mit der Amtssprache besiegelnd zum Schluß, während Johannes zwar richtig die drei Sprachen nennt, aber in anderer Reihenfolge, Hebräisch – Latein – Griechisch. Er hatte nun einmal nicht mit dem Stenoblock unter dem Kreuz gestanden.

Erst im Mittelalter, als die Existenz des Fragments, das sich seit dem 4. Jahrhundert im ehemaligen Palast der Helena befand, der Mutter Kaiser Konstantins, über dem später die heutige Kirche errichtet wurde, kommt es vereinzelt zu «korrigierten» Handschriften des Johannesevangeliums, in denen die Reihenfolge der Sprachen dem Holz angepaßt wird. Aber selbst dann werden nicht alle Einzelheiten übernommen. Auch das fest etablierte «e» in «Nazarenus» ist nach wie vor in allen lateinischen Bibelhandschriften zu sehen. Viel später wird dann das Ɣ - Kürzel auf illuminierten Handschriften für «U» und «OU» gebräuchlich. Der Titulus beeinflußte die christliche Kunstgeschichte. Aus Angst davor, einem übertriebenen Reliquienkult zu folgen, hat man lange nicht öffentlich von diesem Fragment gesprochen. Immerhin ist es neben so vielen fragwürdigen Kreuzespartikeln, Spitzen aus der Dornenkrone und Kreuzigungsnägeln das einzige echte Objekt, das unmittelbar aus der Nähe von Jesus erhalten geblieben ist.

Da inzwischen auch die gesamte Geschichte des Titulus von der Abnahme nach der Kreuzigung bis zur Aufbewahrung im Palast der Helena rekonstruiert werden kann und feststeht, daß es sich nicht um eine Fälschung handelt, darf es sich auch ein nicht reliquiengläubiger Christ guten Gewissens ansehen. Seine historische Bedeutung liegt in der Bestätigung der römischen Rechtsprechung und ihrer Begleiterscheinungen, wie auch die Evangelien sie berichten. Und so bestätigt die Kreuzesinschrift nicht zuletzt auch, daß es seinen guten Grund hat, wenn das Glaubensbekenntnis nicht Kaiaphas erwähnt oder Tiberius, sondern den verantwortlichen Römer, der das alles veranlaßte: «Gekreuzigt unter Pontius Pilatus».

# Der Christen-verfolger Saulus fragt: «Herr, wer bist du?»

# 5. Kapitel

## *Saulus fragt: «Herr, wer bist du?»*
## *(Apostelgeschichte 9,5)*

*Auf der Straße nach Damaskus begegnet der Pharisäer Sha'ul, ein Christenverfolger im Dienst des Sanhedrins, dem erhöhten Christus. Die Antwort und ihre Folgen machten aus ihm, den die lateinischen und griechischen Quellen Saulus nennen, einen der Wegbereiter der Weltmission: den Heidenapostel Paulus. Die Frage des Sha'ul war schon nicht mehr an den irdischen Jesus gerichtet. Sie betraf seine Gegenwart und Wirkung unter den Menschen nach Auferstehung und Himmelfahrt. Und in dieser Weise gilt sie auch für uns heute noch.*

## Unter Gegnern

Manches an dem, was gegen die Glaubwürdigkeit der christlichen Botschaft vorgebracht wird, ist ebenso verbreitet wie uninformiert. Immer wieder kann man z.B. hören, es sei doch ein wenig unglücklich, daß der auferstandene Jesus nur seinen Anhängern und Freunden erschien, nie seinen Gegnern. Wie viel glaubhafter wären all die Berichte über die Auferstehung, wenn das Ereignis auch Gegner von Jesus und seiner Botschaft erreicht hätte! Doch genau dies geschah, immer wieder. Eine der frühen Säulen der Jerusalemer Urgemeinde war Jakobus, «der Bruder des Herrn», wie er im Neuen Testament ausdrücklich genannt wird. Schon bald stand er neben Petrus, gehörte zu den Organisatoren des Jerusalemer Apostelkonzils im Jahre 49 n. Chr., bewahrte die Interessen der Judenchristen und verfaßte einen Brief, der von nicht wenigen

Forschern für das älteste Sendschreiben des Neuen Testaments gehalten wird. Im Jahre 62 n. Chr. wird er von einer illegal agierenden Gruppe des Sanhedrins ermordet. Das berichtet der jüdisch-römische Historiker Flavius Josephus, und er fügt hinzu, daß der römische Prokurator die Schuldigen bestrafen ließ.

Dieser Jakobus war nun allerdings über Jahre hinweg ein Gegner seines Bruders und der messianischen Botschaft, die er verkündete. Bei Johannes wird das in aller Schärfe notiert: «Denn auch seine Brüder glaubten nicht an ihn» (Johannes 7,5). Wie dieser Gegner überzeugt wurde, das wird uns von einem unverdächtigen Zeitgenossen mitgeteilt, eben von jenem Pharisäer Sha'ul: durch nichts anderes nämlich als durch eine Begegnung mit dem Auferstandenen (1. Korinther 15,7). Mit anderen Worten: Das Erlebnis der Wirklichkeit der körperlichen Auferstehung seines Bruders, dem er bis dahin als Gegner und Skeptiker gegenüberstand, macht aus dem frommen, orthodoxen Juden Ja'akov den Leiter der Jerusalemer Urgemeinde, den wir Jakobus nennen. Und dieser Ja'akov/Jakobus bleibt frommer Jude, geht täglich in den Tempel und betet dort so leidenschaftlich, daß sich – wie es in einer hübschen Anekdote aus frühchristlicher Zeit heißt – Hornhaut auf seinen Knien bildete und er den Beinamen «Kamelknie» erhielt. Frommer Jude und begeisterter Christ zu sein, das war in der Urgemeinde kein Widerspruch.

Auch Sha'ul/Paulus hielt es damit ja nicht anders. Sein Leben lang blieb er sich der Wurzeln seines Glaubens bewußt und bezeichnete sich als Angehörigen der Pharisäer. Warum auch sollte das ein Widerspruch sein, zugleich als ausgebildeter Pharisäer und überzeugter Nachfolger des Messias Jesus aufzutreten? Paulus verstand es nicht als Gegensatz, sondern als Erfüllung seines Lebenswegs. Und dieser Paulus ist natürlich das zweite große Beispiel für einen Gegner, sogar genaugenommen für einen Todfeind der ersten Christusanhänger, der erst durch die Begegnung mit dem Auferstandenen überzeugt wurde. Mit begeisterter Zustimmung hatte er der Steinigung des Stephanus zugesehen, mit größtem Vergnügen hatte er im Auftrag des Sanhedrins die Reise in den Norden, nach Damaskus, auf sich genommen, um weitere Jesusanhänger aufzuspüren. Es ist uns namentlich aus der ersten Generation neben Kaiaphas kein größerer, überzeugterer Widersacher der Christusbotschaft und der Christen bekannt als Sha'ul/Saulus.

Und dann ist da auch noch Jehudah/Judas, ein weiterer namentlich identifizierter Bruder des Jesus von Nazareth, der nicht an ihn geglaubt hatte und dem nach den Ergebnissen der neueren Forschung zu Recht ein neutestamentlicher Brief zugeschrieben wird. Ein wenig zugespitzt können wir es auch so sagen: Mit den dreizehn Briefen des Paulus, dem einen des Jakobus und dem einen des Judas sind fünfzehn der einundzwanzig Briefe des Neuen Testaments von Gegnern von Jesus verfaßt. Von Gegnern, die erst durch die Auferstehung Jesu, die sie bezeugen konnten, zu seinen Anhängern wurden.

## Auf dem Weg

Es ist dieser Hintergrund, der die Frage auf der Straße nach Damaskus so aufregend macht. Wie wichtig sie für das frühe Christentum war, das wußte auch der Paulus-Begleiter Lukas: Gleich dreimal erzählte er davon – es ist der einzige frühchristliche Bericht, der in ein und derselben Geschichtsdarstellung mehrmals berichtet wird. In der Kunstgeschichte gehört diese Begegnung mit dem Auferstandenen zu den am häufigsten dargestellten Szenen aus der christlichen Frühzeit, und wie so oft wird in den Gemälden der biblische Bericht um eine unterhaltsame, aber nirgends überlieferte Einzelheit bereichert:

Kaum ein Gemälde stellt das Ereignis vor Damaskus ohne Pferd da. Obwohl die Berichte bei Lukas nur mitteilen, daß Paulus stürzte, glaubte man, daß er nicht einfach so zu Fuß gegangen und hingefallen sein kann. Eine gewisse Fallhöhe brauchte der Pharisäer und künftige Apostel schon. Und da ein Kamel in der Kunst des europäischen Mittelalters und der Renaissance eher befremdlich gewirkt hätte, mußte ein Pferd her. In der Apostelgeschichte steht das Pferd allerdings ebensowenig, wie im Buch Exodus (2. Mose) von den Hörnern des Mose die Rede ist, die spätestens seit Michelangelo die Skulpturen und Gemälde bereichern. Ein Übersetzungsfehler machte aus leuchtenden Strahlen Hörner, so wie aus dem «Bösen» (lateinisch «malum») dank der lateinischen Bibelfassung mit Hilfe des gleich geschriebenen, aber lang gesprochenen «malum» der Apfel im Paradies wurde, während der biblische Text nur von einer nicht näher bezeichneten Frucht spricht. Auch die Krippe mitsamt Ochs und Esel, die uns jedes Jahr zu Weihnachten in den Kirchen begegnen, stehen nirgends in den Evangelien. Noch nicht einmal die drei Könige kommen darin vor, sondern nur eine unbestimmte Zahl von «Weisen», die drei Arten von Geschenken brachten. Der Rest ist anschauliche Phantasie.

Rund um die Auferstehung hat die Erfindungsgabe späterer Leser ebenfalls manche «Neuigkeit» erzeugt – der ungläubige Thomas z.B., der erst an den Auferstandenen glauben will, wenn er seine Wundmale sehen und berühren kann, wird fast stets mit seinem Finger in der Seitenwunde von Jesus dargestellt. In der gleichen römischen Kirche, die das echte Fragment der Kreuzesüberschrift aufbewahrt, wird sogar eine höchst eigentümliche, äußerst fragwürdige Reliquie gezeigt: das vordere Glied des Zeigefingers dieses Thomas. Das Seltsame an diesem Fingerkult in Kunst- und Reliquiengeschichte ist allerdings dies: Der Bericht des Johannesevangeliums hält ausdrücklich fest, daß Thomas die Wundmale von Jesus gar nicht berührt (Johannes 20,27–29). Er glaubt bereits in dem Augenblick, in dem er die Wunden *sieht*. Und Jesus bestätigt diese Deutung – denn er sagt zu Thomas: «Weil du mich gesehen hast, Thomas, glaubst du» (auch hier also keine Rede mehr vom Berühren); «selig sind, die nicht sehen und doch glauben.» Um so mehr lohnt es sich denn auch, genauer zu prüfen, was der unberittene Saulus nun wirklich erlebte, kurz bevor er das altberühmte Damaskus erreichte.

Die Ausgangslage ist präzise formuliert: Sha'ul hatte in eigener Initiative den Hohenpriester aufgesucht, um sich Papiere geben zu lassen, mit denen er in Damaskus als beauftragter Christenverfolger handeln konnte. Zwar hatte der Jerusalemer Sanhedrin keine staatliche oder religiöse Handlungsgewalt über die Synagogen in Damaskus, doch er konnte sich in solchen Schreiben auf eine Praxis aus der Makkabäerzeit berufen: Im 1. Makkabäerbuch 15,21 wird berichtet, wie der römische Botschafter einen Brief an Ptolemäus VIII. von Ägypten schickte, in dem es hieß: «Wenn schädliche Männer aus ihrem eigenen Land (gemeint ist Judäa) geflohen sind, dann liefere sie an den Hohenpriester Shimon aus, damit er sie nach ihrem eigenen Gesetz bestrafen kann.» Wie Flavius Josephus in seinen «Jüdischen Altertümern» erwähnt (14,192–195), wurde dieses Privileg der Auslieferung einhundert Jahre später, 47 v. Chr., von Julius Cäsar bestätigt; er gewährte dieses Recht den Hohenpriestern, obwohl Judäa längst kein unabhängiges Staatswesen mehr war. Aus diesen historischen Hintergrundinformationen läßt sich schließen: Sha'ul/Saulus war in der Tat nicht auf der Suche nach einheimischen Judenchristen, sondern nach solchen, die aus Jerusalem nach Damaskus geflohen waren. Deren Auslieferung durfte er verlangen; um ihre eigenen Leute sollten sich die Synagogen von Damaskus anschließend selbst kümmern.

Immerhin konnte der Sanhedrin in seinen Beglaubigungs- und Beauftragungsbriefen auf die Leistungen des Saulus verweisen. Seine Aktivitäten in Jerusalem waren erfolgreich gewesen. Er, der selbst im griechischsprachigen Tarsus aufgewachsene Jude, hatte mitgeholfen, den in seinen Augen gefährlichsten Mann auszuschalten, jenen Stephanus, der ebenfalls ein «Hellenist» war, also ein aus dem griechischen Kulturraum stammender Jude. Daß diese jüdische Zielgruppe, der beide angehörten, durch Stephanus mit der Jesus-Botschaft infiltriert wurde, bedeutete in Sha'uls Augen eine Bedrohung auch der eigenen Identität. Die Steinigung des Stephanus war – so schien es jedenfalls – ein ungemein erfolgreicher Schritt gegen diese Gefährdung. Weitere Mitglieder dieser Gruppe, Männer und Frauen, machte Sha'ul mit Hausdurchsuchungen ausfindig. Nun mußten ähnliche Gruppen auch außerhalb Jerusalems aufgespürt und eliminiert werden. Damaskus, eine der von Vitellius in Syrien verwalteten Städte, die zur griechischen «Dekapolis» gehörten, dem in einigen Bereichen sich selbst verwaltenden «Zehnstädtebund», war ein naheliegendes Ziel auf diesem Weg. Und wir können uns leicht vorstellen, daß die Westküste mit Caesarea Maritima, dem Sitz des römischen Präfekten von Judäa, ein weiterer Zielpunkt geworden wäre: Denn dorthin war nach Aufenthalten in Samaria und Aschdod ein anderer bedeutender Leiter der hellenistischen Urgruppe ausgewichen, jener Philippus, der auf der Straße nach Gaza den äthiopischen Finanzminister taufte. Philippus wird häufig unterschätzt, aber tatsächlich war er derjenige, der den ersten Menschen zum christlichen Glauben führte, der weder zu den Juden noch zu den Römern gehörte. So war es sicher auch alles andere als ein Zufall, daß der zum Apostel gewordene Paulus viele Jahre später gerade diesen erfahrenen Pionier in Caesarea aufsuchte, um bei ihm zu wohnen (Apostelgeschichte 21,8–10).

Wir haben es hier mit einer Weichenstellung zu tun. Die Leute um Stephanus und Philippus gehörten offensichtlich einer internationalen jüdischen Elite an, die mit schnellem Erfolg auch unter hochrangigen, gebildeten Juden und Gottesfürchtigen aus aller Welt Gehör fanden. Das war aus zwei Gründen problematisch für einen Mann wie Sha'ul/Saulus, der aus der gleichen Bildungselite stammte. Nicht ohne Stolz wies er darauf hin, daß er, der Jude, als römischer Bürger in Tarsus aufgewachsen war, zu seiner Zeit eine bedeutende Universitäts- und Bibliotheksstadt. Aber als belesener mehrsprachiger Jude mußte er nicht unbedingt auch noch «weltoffen» sein – um einen modernen Ausdruck zu benutzen. Zum einen war da für ihn das Problem, daß der Kreis um Stephanus eine nachdrückliche Bestätigung des Durchbruchs der Jesusbotschaft unter Juden aus der «Diaspora» lieferte, um die es nach den ersten großen Erfolgen zu Shavuot/Pfingsten einige Jahre lang still geblieben war. Man mußte diese Leute also sehr genau beobachten, und es schien in der Tat das Ergebnis der Spurensicherung zu sein, daß die vorwiegend griechischsprachigen Judenchristen wieder eine echte und tiefgreifende Missionstätigkeit aufgenommen hatten. Zum anderen hatte Saulus ein theologisch-praktisches Problem: Obwohl es immer wieder Zeiten gegeben hatte, in denen das Judentum gegenüber Menschen außerhalb des Judentums aktiv missionarisch auftrat, waren das doch meist umstrittene Ausnahmen. Das Judentum wollte sich in der Regel aus sich selbst rekrutieren, aus dem Wachstum der Volksgemeinschaft. Nun aber wurde eine jüdische Bewegung immer aktiver, die nicht nur international mit der Botschaft wirkte, daß ein vom Sanhedrin als falscher Messias beschuldigter und von den Römern hingerichteter Bauhandwerker aus Nazareth der *eine* Messias war. Das war bereits bekämpfenswert genug. Doch diese neue Bewegung tat das auch noch mit beachtlicher Außenwirkung: Gegenüber Nichtjuden stellte sie diese Messiasbotschaft als die wahre Erfüllung des gesamten Judentums dar. Man kann sich leicht vorstellen, welchen inneren Aufruhr das für einen Mann wie den Pharisäer aus Tarsus bedeuten mußte. Alles, wofür er stand und lebte, schien durch diese mitjüdischen Irrlehrer in Frage gestellt.

Lukas nennt die Personen, die dann aus Damaskus gefesselt nach Jerusalem überführt werden sollen, mit der bei ihm üblichen Genauigkeit nicht Christen, denn so hießen sie zu diesem Zeitpunkt noch nicht; der Name wurde ihnen erst später von Beobachtern in Antiochia gegeben. Er schreibt von den «Anhängern des Weges» (Apostelgeschichte 9,2). Eine ähnliche – wohl absichtlich vage – Selbstbeschreibung hatten auch andere jüdische Bewegungen dieser Zeit. Die Pharisäer oder hebräisch «Peruschim» z.B. heißen auf deutsch «die Abgetrennten». Das kann sich darauf beziehen, daß sie sich von allem Unreinen getrennt hatten; es kann aber auch sein, wie andere meinen, daß ihnen der Name von den Sadduzäern gegeben wurde, von denen sie sich getrennt hatten. In beiden Fällen ist der Name, wie bei den «Anhängern des neuen Weges», inhaltlich nicht besonders präzise. Die Essener wiederum, die sich selbst gar nicht so nannten, erhielten ihren Namen, der soviel wie «die Frommen» heißt, von Beobachtern wie Josephus, Philo und Plinius dem Älteren (dem Onkel des im Pilatus-Kapitel erwähnten Jüngeren). Sie selbst benutzten für sich dagegen offenbar die Bezeichnung «Jachad», was «Einung» (unter dem Gesetz Gottes) bedeutet. Die Sadduzäer oder «Sadduqquim» ihrerseits benannten sich nach dem Priester Zadok, der die Bundeslade nach Jerusalem getragen und Salomon zum König gesalbt hatte. Das kommt dann rein methodisch der späteren Bezeichnung «Christen» für die Jesus-Anhänger schon näher. Denn so wie «Sadduquim» jene kennzeichnet, die sich nach dem Modell des Zadok ausrichten, so sind die «Christianoi», wie das griechische Wort in Apostelgeschichte 11,26; 26,28 und 1. Petrus 4,16 lautet, wörtlich diejenigen, die Christus angehören.

Es ist auch gut möglich, daß Saulus die Bezeichnung, die bei dem Ereignis vor Damaskus benutzt wird, ganz bewußt übernahm. «Anhänger des Weges» war einerseits zwar vage, anderseits aber auch typisch jüdisch und vor allem auf verdächtige Weise exklusiv. Man könnte die gedankliche Betonung im Deutschen nachahmen, indem man ein Attribut hinzufügt: Sie waren Anhänger des *einzigen* Weges. Mit einem ähnlichen Sprachgebrauch waren auch die Essener und ihre Anhänger aufgetreten: «Weg» als Bezeichnung für Gottesgefolgschaft kommt bereits in zwei bedeutenden, vielgelesenen Schriftrollen von Qumran vor (Damaskusschrift CD 1,13; 2,6 und Gemeinderegel 1QS 9,17–18; 10,20–21). Es ist hier nicht die Selbstbezeichnung der Gruppe, denn die lautete, wie wir gerade sahen, «Jachad», sondern ein innerjüdischer Ausdruck für Nachfolge. Und gerade darin liegt ja die Pointe: Wenn die ersten Christusnachfolger sich Anhänger des Weges nannten, dann drückten sie damit gegenüber allen messiasgläubigen Juden (zu denen auch der Pharisäer Saulus gehört haben dürfte), vor allem aber gegenüber den Essenern aus, daß die Hoffnungen in Jesus von Nazareth erfüllt wurden. Jesus ist der Weg. Deutlicher läßt es sich in jüdischer Sprach- und Denkweise kaum noch formulieren. Wir können noch einen Schritt weitergehen. Möglicherweise hatte Saulus sich für Damaskus als ersten Ort der Christenverfolgung außerhalb Jerusalems entschieden, weil hier zwei messianische Bewegungen seiner Zeit ihre Kräfte zu bündeln drohten. Dort, wie auch an vielen anderen Orten, lebten Essener. Ihre Damaskus-Schrift erwähnt den Ort ausdrücklich mehrmals als ein Zentrum, das chronologisch wohl sogar noch vor Qumran eine Art Hauptquartier war. Aus sprachlichen und historischen Gründen spricht alles dafür, daß «Damaskus» wirklich die Stadt meint und nicht etwa, wie manche vorgeschlagen haben, symbolisch für «Qumran» steht. Damaskus meint, was es sagt. Exemplare der Rolle gelangten bis nach Kairo. In der Ben Esra-Synagoge von Alt-Kairo wurden vor über einhundert Jahren, ein halbes Jahrhundert vor den Qumranfunden, in einer Geniza, dem Ablageraum für ausgesonderte Schriften, zwei mittelalterliche Kopien entdeckt. Leser dieser weitverbreiteten Schrift, die sich zu Jesus als dem wahren Messias bekannten, hatten es da nicht schwer, in Damaskus und anderswo den Begriff des «Weges» aufzugreifen und auszulegen.

Lukas legt in der Anordnung seiner Apostelgeschichte sogar noch eine weitere Möglichkeit nahe: Unmittelbar vor dem Bericht über die Aktivitäten des Saulus wird vom Wirken des Stephanus berichtet, und mitten in diesem Bericht steht ein Abschnitt, der ungewöhnlich und auffällig klingt. Kaum sind die sieben Diakone der hellenistischen Gemeinde gewählt, heißt es: «Und das Wort Gottes breitete sich aus, und die Zahl der Jünger wurde sehr groß in Jerusalem. Es wurden aber auch viele Priester dem Glauben gehorsam» (Apostelgeschichte 6,7). Wo kommen plötzlich diese vielen Priester her? Der erste Gedanke der Ausleger ist natürlich, sie unter den Tempelpriestern zu suchen und den Hilfspriestern, die aus dem ganzen Land zum Tempeldienst eingezogen wurden. (Einem von ihnen begegneten wir im Kapitel über Johannes den Täufer: seinem Vater Zacharias.) Aber das ist unwahrscheinlich, denn die Tempel-Priesterklasse selbst bestand aus Sadduzäern, die vehement jeden Glauben an eine Auferstehung ablehnten. Schon ihre theologischen Existenzbedingungen schlossen also aus, daß sie sich zum Auferstandenen bekannten. Einige wenige vielleicht, so wie Zacharias möglicherweise (obwohl wir nichts über ihn erfahren in diesem Zusammenhang) – aber *viele* Priester, wie es ausdrücklich heißt? Das wäre kaum glaubhaft. Die andere theologisch führende Gruppe im Land waren die Pharisäer, denen ein Auferstehungsglaube vertraut war. Aber sie waren keine Priestergruppe. Nur wenige unter ihnen erhielten priesterlichen Status. Auch sie können also nicht gemeint sein. Damit bleibt nach Meinung vieler Forscher nur eine Gruppe übrig: die Essener, die in ihrer gesamten Führungsschicht priesterlich waren und die außerdem nachweislich an die Auferstehung glaubten, die aber darüber hinaus nach seiner Auferstehung in Jesus von Nazareth auch andere messianische Erfüllungen sehen konnten.

Diese Essener hatten mit jesusgläubigen Juden an vielen Orten Kontakt aufnehmen können. Und unter ihnen gab es zunehmend griechischsprachige Priester: Gerade in den Jahrzehnten vor dem Auftreten von Jesus tauchten in der Bibliothek von Qumran nach und nach griechische Bibeltexte auf, die in der großen Studienbibliothek der Höhle 4 gesammelt wurden. Die Rollen der Thora und einige Kommentare waren darunter. Diese griechischsprachigen Essenerpriester hatten im Kreis um Stephanus und Philippus ihre idealen Ansprechpartner. So erscheint es also durchaus sinnvoll, daß Lukas diejenigen unter ihnen, die sich zum Jesusglauben bekehren ließen, gerade an dieser Stelle erwähnt. Und damit schließt sich ein Kreis. Denn Damaskus, der Heimatort der essenischen «Damaskusschrift», der Ort, an den einige Männer und Frauen aus dem Stephanuskreis während der von Saulus angezettelten Verfolgung auswichen, hatte immer noch eine Gemeinde der Essener in seinen Mauern. Was läge für die Jerusalemer Judenchristen näher, als sich dorthin zu begeben – vielleicht sogar zu einigen von denen, die erst kurz zuvor zum «Weg» gefunden hatten? Aus der Sicht des Pharisäers Sha'ul wäre das eine zusätzliche Motivation gewesen, gegen diese Bündelung gegnerischer Kräfte vorzugehen, ehe sie Wurzeln fassen konnten.

## Eine unbekannte Stimme

Der Weg von Jerusalem nach Damaskus führte durch Hügelland, war für Wanderer also nicht einfach zu gehen. Ob die Gruppe tatsächlich zu Fuß ging oder in Form eine Karawane mit einigen Reittieren, wissen wir nicht. Aber der antike

Mensch in diesen Landstrichen war es gewöhnt, auch große Entfernungen zu Fuß zurückzulegen. Von Jerusalem nach Damaskus sind es rund 200 Kilometer, zuerst in Richtung Sichem/Neapolis, dann östlich des Sees Genezareth durch das stark griechisch geprägte Gebiet von Gadara, das einige bekannte griechische Dichter und Philosophen hervorbrachte. Von dort aus ging es in nordwestlicher Richtung bis nach Damaskus. Wollte man es in heutige Landschaftsvorstellungen übertragen, dann könnte man auch sagen, daß Saulus und sein Trupp durch das Damaskus-Tor nach Nablus zogen, dort nach Osten in Richtung Jordansenke abbogen, den Jordan entlangzogen und vielleicht einen etwas längeren Erfrischungsaufenthalt in Bet-Shean einlegten, einer schon in alttestamentlicher Zeit etablierten Stadt, die in nachbiblischer Zeit von den Römern zu einem heute wieder ausgegrabenen Kulturzentrum namens Skythopolis ausgebaut wurde. Das war in etwa vier Tagen gut zu schaffen. Keine Tagesreise später war man am Südufer des Sees Genezareth, der in östlicher Richtung umgangen wurde, bis nach Hippos/Susita. Hier bog die Gruppe ab und folgte weiter der üblichen Handelsstraße in Richtung Damaskus, quer über die Golanhöhen. Bei klarer Sicht konnte man von den Höhen des Golan Damaskus sehen – es war nun gerade noch 65 Kilometer oder drei Tagesreisen weit entfernt. Über Kaspin gelangte man schließlich nach Damaskus. Alles in allem war die Reise für eine eilige Gruppe in gut zehn Tagen zu schaffen.

Ehe Saulus und seine Begleiter die Stadt erreichten, kam es allerdings zu dem berühmten Zwischenfall. Wo genau er stattfand, erfahren wir nicht. Lukas teilt uns mit, daß es «nahe bei Damaskus» war. Im ersten Bericht (Apostelgeschichte 9,1-9) stehen nur die notwendigsten Informationen, um das Ereignis und seine Folgen in der von Lukas geordneten Chronologie darzustellen. Erst im zweiten und dritten Bericht, als Paulus selbst vor zwei verschiedenen Hörergruppen spricht, lesen wir noch, daß es «um die Mittagszeit» geschah (Apostelgeschichte 22,6; 26,13). Die knappen Fakten werden ohne jede Aufregung wiedergegeben, nichts daran erinnert an Berichte über Göttererscheinungen in der antiken Mythologie. «Als er aber in die Nähe von Damaskus kam, umleuchtete ihn plötzlich ein Licht vom Himmel; und er fiel auf die Erde und hörte eine Stimme, die sprach zu ihm: ‹Saul, Saul, was verfolgst du mich?› Er aber sprach: ‹Herr, wer bist du ?› Der sprach: ‹Ich bin Jesus, den du verfolgst. Steh auf und geh in die Stadt, da wird man dir sagen, was du tun sollst.› Die Männer, die seine Gefährten waren, standen sprachlos da; denn sie hörten zwar die Stimme, aber sahen niemanden. Saulus aber richtete sich auf von der Erde; und als er seine Augen aufschlug, sah er nichts. Sie nahmen ihn aber bei der Hand und führten ihn nach Damaskus, und er konnte drei Tage nicht sehen und aß nicht und trank nicht» (Apostelgeschichte 9,3–9).

Karg und ohne jede legendenhafte Ausschmückung werden die einzelnen Schritte genannt:

- *Saulus reist in einer Gruppe.*
- *Ein Licht kommt vom Himmel und umstrahlt allein ihn.*
- *Er fällt zu Boden.*
- *Er sieht allem Anschein nach keine Gestalt, hört aber eine Stimme.*
- *Die Stimme spricht zu ihm persönlich.*
- *Er fragt die Stimme, wer sie sei, und redet sie mit der Ehrenbezeugung «Herr» an.*
- *Die Stimme identifiziert sich: Es ist Jesus. Er gibt ihm einen Auftrag.*
- *Die Begleiter sind ratlos, da sie so etwas wie eine Stimme hören, aber offenbar nichts verstehen. Außerdem sehen sie niemanden. (In seinem Bericht vor den Juden in Apostelgeschichte 22,9 präzisiert Paulus dann, daß sie tatsächlich keine wirkliche Stimme verstehen konnten.)*

- *Saulus erhebt sich und stellt fest, daß er erblindet ist.*
- *Er wird von der Gruppe nach Damaskus geführt, wo er drei Tage lang krank ist.*

Zusätzliche Auskünfte folgen. So erzählte der Wiedergenesene offenbar dem Barnabas in Jerusalem, daß er Jesus nicht nur gehört, sondern doch auch gesehen hatte (Apostelgeschichte 9,27). Im Gespräch mit seinem Gastgeber in Damaskus, Hananias, hatte er das allem Anschein noch heruntergespielt (Apostelgeschichte 9,17). Er wollte die Erscheinung absichtlich nicht in allzu genaue Begriffe zwängen. Denn gerade dank der Erkenntnis, daß dieser Jesus tatsächlich sein Herr und Gott war, mußte er auf die Versuchung verzichten – die von anderen sehr schnell an ihn herangetragen werden konnte –, das Äußere der Erscheinung in Details wiederzugeben. Das Hören der Stimme selbst dagegen, als Stimme Gottes, war entscheidend. Und daß so etwas möglich war, wußte man schon aus der Heiligen Schrift. Eine besondere Nuance kommt gerade in diesem Teil des Berichts hinzu: Dieser «Herr», den Saulus ja noch nicht erkannt hatte, sondern mit einem auch allgemein gültigen Hoheitstitel ansprach, identifizierte sich ausdrücklich nicht als Messias, Sohn Gottes oder Menschensohn, sondern mit seinem Eigennamen Jesus.

Die Bedeutung dieses kleinen Details kann gar nicht hoch genug eingeschätzt werden. In der Chronologie des frühen Christentums befinden wir uns hier einige Jahre nach Kreuzigung, Auferstehung und Himmelfahrt. Wie auch immer die Erscheinung in moderner Sprache zu beschreiben wäre, der Mensch Jesus war längst erhöht zur Rechten Gottes, er war der offenbarte Christus/Messias. Doch der Pharisäer Sha'ul, der den lebendigen, irdischen Jesus wohl nie kennengelernt hatte, wird ausdrücklich nicht mit einer erhöhten, glorreichen Erscheinung vertröstet. Es geht darum, die Einheit zwischen dem Erhöhten und dem Menschen zu unterstreichen. «Ich bin

Jesus, den du verfolgst» – es geht hier um handfestes Alltagsgeschehen. Die Menschen, die zu seinen Anhängern geworden waren und nun von Saulus verfolgt wurden, hatten in dem Menschen Jesus, dem Gekreuzigten und Auferstandenen, den wahren Messias erkannt. Daß dieser Mensch Jesus zugleich der Sohn Gottes war, «wahrer Mensch und wahrer Gott», wie es später in den Glaubensbekenntnissen formuliert wurde, das mußte erst verstanden werden. Auf jeden Fall setzte es den ersten Schritt voraus: daß Jesus tatsächlich auch ganz Mensch war. Saulus sollte das einsehen. Der Fluchtweg, der darin bestanden hätte, die himmlische Erscheinung vielleicht nur als eine Art Trance in der Erschöpfung der Mittagsglut wegzuerklären, dieser Fluchtweg war ihm sofort, gleich durch das erste Wort, versperrt.

«Ich bin Jesus, den du verfolgst» – das sagt natürlich auch, daß jede Verfolgung seiner Anhänger eine Verfolgung von Jesus selbst ist. Oder, um es anders auszudrücken: Wer die Anhänger verfolgt, verfolgt immer noch auch Jesus. Und das wiederum heißt, daß Jesus sich gegenüber Saulus als sehr lebendig darstellt: lebendig nicht nur im Augenblick der Erscheinung, sondern grundsätzlich und überall da, wo seine Gemeinde ist. Die Leute, die mit Saulus unterwegs nach Damaskus waren, wurden zu Zeugen dieser Aussagen, denn es wird ausdrücklich betont, daß sie die Stimme hörten. Ihre sprachlose Verwunderung darüber, daß sie nichts sahen, lag allerdings nicht daran, daß sie so etwas überhaupt nicht verstehen konnten. Im Gegenteil: Ihnen wurde klar, daß hier etwas geradezu Heiliges geschah, eine Offenbarung, die von Gott kommen mußte. Denn gerade dieses Detail war ihnen als frommen Juden aus der Torah bekannt. Im 5. Buch Mose 4,12 heißt es: «Und der Herr redete mit euch mitten aus dem Feuer. Seine Worte hörtet ihr, aber ihr saht keine Gestalt, nur eine Stimme war da.» Hier waren alle angesprochen, nicht nur einer. Und das hieß: Vor Damaskus erfuhr nun dieser eine, Sha'ul/Saulus, eine Behandlung, wie sie zuvor nur dem alten Volk Israel zuteil geworden war. Aber auch daß nur einer, der unmittelbar Betroffene, die Erscheinung sieht, das kannten sie aus dem Buch des Propheten Daniel (10,7). So war ihnen klar: Hier handelte Gott. Zugleich begriffen sie, daß trotz aller Ähnlichkeiten etwas Wesentliches anders war. Daniel war längst gläubig, als er die letzte Offenbarung empfing, und die Männer, die dabei waren, rannten erschrocken weg. Genau dies taten die Männer vor Damaskus nicht, da sie dank der früheren, biblischen Ereignisse eben wußten, daß sie Zeugen einer Handlung Gottes wurden.

Es ist ein Wissen, das Saulus selbstverständlich teilte. Seine Frage «Herr, wer bist du?» enthält daher schon die Ehrfurcht, das heilige Entsetzen, das Juden empfanden, wenn Gott in ihrer Gegenwart handelte. Und daneben steckt in dieser Frage der Mut, den auch der Jakob hatte, als er Gott begegnete, gegen den er gerade noch gekämpft hatte: «Und Jakob fragte ihn und sprach: ‹Sage doch, wie heißt du?› Er aber sprach: ‹Warum fragst du, wie ich heiße? Und er segnete ihn daselbst. Und Jakob nannte die Stätte Pnuël, denn, so sprach er: ‹Ich habe Gott von Angesicht gesehen, und doch wurde mein Leben gerettet›» (1. Mose 30–31).

Die Parallelen konnten einem gebildeten, gläubigen Juden wie Saulus nicht entgehen. Gerade deswegen mußte auch ihm der Unterschied auffallen: Gott offenbarte sich in Jesus nun, anders als noch vor Jakob, als der Menschgewordene, mit einem Namen – dem Namen Jesus. Wie genau Saulus sich der Situation bewußt war, geht auch aus seiner eigenen Wortwahl hervor. Das Wort «Herr» – griechisch «kyrios» –, das er in seiner Frage benutzt, ist einerseits, wie wir sahen, ein Ehrentitel, der z.B. auch dem römischen Kaiser zukam. Festus, der römische Prokurator, benutzt exakt dieses Wort, um in Caesarea Maritima, während des Verhörs des inzwischen zum Apostel gewordenen Paulus, den Kaiser Nero zu bezeichnen (Apostelgeschichte 25,26). Andererseits aber war es bereits in der jüdisch-griechischen Übersetzung des Alten Testaments, der «Septuaginta» aus dem dritten vorchristlichen Jahrhundert, das übliche Wort für das hebräische «Adonai» - und das war die häufigste Anrede Gottes.

## In Jerusalem und Caesarea

Die knappe Darstellung des Lukas wird ergänzt durch zwei weitere Berichte, in denen Saulus mit eigenen Worten erzählt. Als Autor der Apostelgeschichte ist Lukas natürlich auch hier für die Endgestalt verantwortlich. Er reiht ja keine Protokolle aneinander, sondern verfaßt ein Geschichtswerk, in dem er - wie jeder gute Historiker damals oder heute - das Material auswählt, ordnet und gestaltet. Um so mehr fällt auf, daß er die Unterschiede zwischen den drei Berichten nicht glättet, sondern stehenläßt. Er will in der Tat die authentische Stimme des Paulus zu Gehör bringen.

Besonders reizvoll ist schließlich, daß Paulus zu zwei völlig verschiedenen Anlässen und vor völlig verschiedenen Zuhörern berichtet. Beide Male steht viel auf dem Spiel. In der ersten Szene befindet sich Paulus im Tempel. Eine aufgebrachte Menge hatte ihn geschlagen und mit dem Tod bedroht, weil er angeblich einen unbeschnittenen Heiden in den Tempel gebracht hatte (worauf die Todesstrafe stand) und weil er von Juden aus der Provinz Asien als der messianische Missionar wiedererkannt worden war. Die römische Tempelkohorte, die ihn in Schutzhaft genommen hatte, gestattet ihm, zu der Menge zu sprechen. Er stellt seinen Lebensweg dar, bis zum Augenblick des Aufbruchs nach Damaskus. Hier gibt es nur zwei kleine Varianten: zuerst die Erwähnung der Tageszeit, und dann eine längere Fassung der Antwort, die Jesus ihm auf seine Frage gibt: «Ich bin Jesus von Nazareth, den du verfolgst» (22,8).

Diese Ergänzung wirft einmal mehr ein Schlaglicht auf die Präzision, mit der Lukas seine Quellen wiedergibt. Im neunten Kapitel, als er selbst in eigenen Worten schreibt, heißt es nur «Ich bin Jesus». Hier nun steht zusätzlich «... der Nazoräer». Das ist, in den besten Handschriften des griechischen Neuen Testaments und auch in einigen deutschen Übersetzungen, sprachlich genauer als die übliche Fassung «... von Nazareth». Denn der Name dieses Ortes, der offenbar von Nachfahren Davids gegründet worden war, ist abgeleitet vom hebräischen «Nezer», deutsch «Sproß», in Anspielung auf Jesaja 11,1 und Jesaja 60,21. Die Menschen, die dort lebten, wurden dementsprechend «Nozrim» genannt. Und so stand es dann hebräisch auch über dem Kreuz Jesu, mitten in der ersten Zeile der von Pilatus veranlaßten Tafel: «HaNozri», der Nazoräer. Für viele fromme, bibelfeste Juden stand hinter der Ortsbezeichnung natürlich immer noch das Jesaja-Wort vom «Sproß», an das manche sofort denken konnten, ohne jemals von der kleinen Ansiedlung namens Nazareth gehört zu haben. So ist eine davidische, messianische Komponente stets dabei, und das hat wohl auch Matthäus gemeint, als er über die Familie von Jesus schrieb, daß sie aus Ägypten zurückkamen und wohnten «in einer Stadt mit Namen Nazareth, damit erfüllt würde, was gesagt ist durch die Propheten: ‹Er soll Nazoräer heißen›» (2,23). Die gräzisierte bzw. latinisierte Form, an die wir uns gewöhnt haben, lassen das nicht mehr erkennen. Sie bezeichnen nur noch ganz direkt die Herkunft aus dem galiläischen Ort. Die Leser der Apostelgeschichte wußten natürlich ohnehin von Anfang an, wer gemeint war. Aber die Hörer des Paulus im Tempel von Jerusalem konnten es noch nicht alle wissen. Träger des Namens Jesus gab es viele; doch es gab nur einen Jesus «den Nazoräer». Da konnten alle Juden im Tempel verstehen, um wen es ging. Selbst im heutigen Hebräisch werden die Nachfolger von Jesus nicht Christen genannt, sondern immer noch mit dem alten Begriff gekennzeichnet, der aus Jesaja und Matthäus abgeleitet ist: «Nozrim», die Nazoräer.

Im dritten Bericht der Apostelgeschichte (26,1–23) steht Paulus vor Festus, dem römischen Prokurator, und vor König Herodes Agrippa II., dessen Frau Berenike, den Offizieren der Römer und den Honoratioren der Stadt. Der Schauplatz ist Caesarea Philippi, Amtssitz des Prokurators, wo Paulus sich seit längerem in Haft befindet. Als römischer Bürger hat er an den Kaiser appelliert, um ein endgültiges Urteil in seiner Sache zu erfahren. Festus nutzt die Gelegenheit des königlichen Besuchs zu einem großen Auftritt. Und er will wissen, was er denn nun an Kaiser Nero schreiben kann. Gibt es nach römischem Recht eine Handhabe gegen Paulus? In dieser Situation gibt Paulus erneut eine Kurzdarstellung seines Lebenswegs. Diesmal verzichtet er auf die innerjüdischen Bezugspunkte. Er spricht nicht von seinem hochangesehenen Lehrer Gamaliel und vom väterlichen Gesetz. Aber er macht auch deutlich, daß er nicht gegen seine Mitjuden auftritt, sondern die Erfüllung aller ihrer Hoffnungen verkündet.

Diese Einbeziehung der anderen kommt subtil in einem Detail zum Ausdruck: Nur in diesem dritten Bericht heißt es, daß alle – also auch seine Begleiter – vom himmlischen Licht umstrahlt wurden, und daß alle zu Boden stürzten. Paulus strafft danach das Geschehen, erwähnt nicht seine vorübergehende Blindheit und den Aufenthalt bei Hananias, sondern zieht den Auftrag zur «Heidenmission», den er in den anderen beiden Fassungen erst etwas später von Jesus erhielt, schon in diese Zusammenfassung mit hinein. Vor seinem König und seinem Prokurator will Paulus sich wie ein gebildeter römischer Bürger auf das Wesentliche in Ablauf und Ergebnis konzentrieren.

Wiederum fällt auf, daß der Mittelteil unverändert ist: Die Frage – «Herr, wer bist du?», und die Antwort – «Ich bin Jesus, den du verfolgst», bleiben gleich. Die Ortsangabe «der Nazoräer/von Nazareth» entfällt, doch hatte Paulus gegenüber der Versammlung schon kurz zuvor dargelegt, um welchen Jesus es sich handelt: «Ich selbst meinte, ich müßte viel gegen den Namen des Jesus, des Nazoräers, tun» (26,9). Die klare Form der Darstellung ist genau das, was sein ganz spezielles Publikum in Caesarea nachvollziehen konnte. Und Paulus liefert ihnen noch ein Bildungsbonbon. Nur in diesem dritten Damaskus-Bericht steht ein zusätzlicher Satz, den Jesus zu ihm sagt: «Saul, Saul, was verfolgst du mich? Es wird dir schwer sein, wider den Stachel zu löcken» – so gibt es die sprichwörtlich gewordene Übersetzung Martin Luthers wieder. Dieses kraftvolle Sprachbild vom vergeblichen Ausschlagen gegen den Stachelstock der Zugtiere in der Landwirtschaft ist nun aber keine neue Erfindung. Die Pointe liegt darin, daß Festus, der in Rom ausgebildete Herodes Agrippa II., Berenike und das übrige Bildungsbürgertum im Amtssitz des Prokurators zu Caesarea den Satz sofort als Perle der klassischen Literatur wiedererkannt haben dürften. Er gehörte zum Zitatenschatz jener Zeit. Gleich mehrere vielgespielte Theaterstücke verwendeten ihn; am populärsten war er in der Fassung der beiden großen alten Männer der griechischen Bühne, Aischylos und Euripides.

Welche Fassung könnte dem römischen Bürger und jüdischen Pharisäer Sha'ul/Saulus durch den Kopf gegangen sein, als er Jesus so zu ihm reden hörte? An welche dachten die ersten Leser des Lukas? Vielleicht an das Zitat im berühmtesten Stück des Aischylos, dem «Prometheus»? Dort spricht eine mythische Gottheit, Okéanos, der auf seinem Flügelroß erscheint und den an einen Felsen gefesselten Prometheus anredet: «Du bist noch nicht gefügig, weichst dem Schlechten nicht / Und willst dir noch mehr Schaden zufügen. / Doch nimm nun mich zum Lehrer an und / Schlage nicht gegen den Stachel aus» (Prometheus 322–325). Die Ähnlichkeiten mit der Lage des Saulus sind deutlich genug, auch wenn der Pharisäer nur bildhaft an einen Fels gefesselt war, den seiner alten, haßerfüllten Vorstellungen. «Doch nimm nun mich zum Lehrer an» – nichts anderes ist ja auch die Konsequenz des Erscheinens Jesu. Und gegen die Ähnlichkeiten ist nun der dramatische Unterschied gestellt: Nicht mehr ein Gott der griechischen Mythologie spricht zu einem Helden des Mythos. Der Gott, der sich in Jesus historisch offenbart hat, löst die alte Götterwelt ab. Es ist der Gott des Judentums, es ist der Jude Jesus, gegenüber dem Juden Sha'ul. Ein griechisches Theaterzitat steht im Dienst der jüdischen Offenbarung, die zugleich in die ganze Welt hineinwirken soll: in die griechische, die römische – und darüber hinaus.

Entsprechend beeindruckt reagieren die Zuhörer. Vielleicht dachten sie eher an eine der anderen Klassikerstellen, die den Spruch vom Ausschlagen gegen den Stachel in ähnlicher Weise bringen, auch wenn der Zusammenhang nicht ganz so gut zur Situation paßt wie im «Prometheus»: bei Aischylos selbst noch in seiner Tragödie «Agamemnon» 1619–1624, oder bei seinem jüngeren Kollegen Euripides in den «Bakchen» 794–795. Sogar der römische Theaterautor Terenz hat es lateinisch in seiner Komödie «Phormio» (1,2,27). Die Bewunderung wurde aber nicht durch die genaue, gemeinsame Identifizierung der Quelle ausgelöst, die hier gar keine Rolle spielt, sondern dadurch, daß Saulus, nun schon den Namen Paulus benutzend, ihnen einen der beliebtesten Klassikersprüche bietet und gleich noch hinzufügt, daß nicht er das in der Szene vor Damaskus sagte, sondern jener Jesus. Und den hielten sie für tot, für einen von den Römern rechtens hingerichteten galiläischen Handwerker, der sich zum König machen wollte und der nun angeblich doch noch lebte – obskur und für den Prokurator Festus, wie er freimütig zugibt, nicht nachvollziehbar. Ausgerechnet dieser Jesus zitiert nun aus einem Theaterstück – und das auch noch, wie Paulus ausdrücklich betont, in aramäischer Sprache. Beeindruckende Virtuosität, die uns aus heutiger Sicht nicht erstaunen muß, denn wir wissen, daß Jesus ganz in der Nähe des größten galiläischen Theaters aufwuchs, das keine sechs Kilometer von Nazareth entfernt in der neuen Landeshauptstadt Sepphoris stand, und daß er wie viele Juden Galiläas, Samarias und Judäas ohne Mühe hier und in anderen Theatern aus erster Hand Bühnenerfahrungen sammeln konnte. Nicht zufällig redet er ja die Heuchler mit dem griechischen Wort für «Schauspieler» an.

Paulus betont, daß er sich «der himmlischen Erscheinung nicht widersetzte» (Apostelgeschichte 26,19). Er skizziert, wie er in der Folgezeit auftrat, um vor Juden und Heiden die Erfüllung der Worte des Mose und der Propheten über Jesus, den Christus, zu bekennen. Höflich hatte er sich während seiner Rede stets namentlich an den Ranghöchsten gewandt, den jüdischen König Herodes Agrippa II. Doch kaum hat er geendet, da hält es der römische Prokurator Festus nicht länger aus: «Paulus, du bist von Sinnen! Das große Wissen macht dich wahnsinnig.» Was ein Vorwurf ist, enthält ein verstecktes Kompliment: Der gebildete Römer gesteht dem Pharisäer und Jesusanhänger großes Wissen zu, hohe Bildung also – und dies sicher nicht nur wegen eines Klassikerzitats. Und der jüdische König selbst, der sich in das Ungewöhnliche der ganzen Situation natürlich noch viel besser einfühlen kann als der Prokurator, ist nachdenklich geworden: «Es fehlt nicht viel, so wirst du mich noch überreden und einen Christen aus mir machen» (Apostelgeschichte 26,28). Man kann da natürlich eine gewisse Ironie heraushören. Aber auch hier ist klar, daß der Bericht vom Damaskus-Ereignis, vom Dialog zwischen Jesus und Saulus und den Folgen, alle Anwesenden überraschte. Nur folgerichtig ist es dann, daß der König die Schuldlosigkeit des Paulus im Sinne des Strafrechts feststellt. Sha'ul/Saulus/Paulus hat aus seiner Frage an Jesus und aus dessen Antwort ein Zeugnis für den Auferstandenen und seine Botschaft gemacht, dem auch wir uns nicht entziehen können.

**Skeptiker und Anhänger des Mannes aus Nazareth fragen auch heute noch: «Wer war Jesus?»**

# Epilog

Skeptiker und Anhänger des Mannes aus Nazareth fragen auch heute noch: «Wer war Jesus?» In diesem Buch haben wir mitverfolgen können, wie Zeitgenossen ihn selbst, den Lebenden, fragten: «Wer bist du?», und wie jeder seine eigene Antwort erhielt. Menschen der unterschiedlichsten gesellschaftlichen Stellung, unterschiedlicher Bildung und Nationalität fragten in unterschiedlichen Situationen und erhielten unterschiedliche Antworten. Natürlich läßt sich erkennen, wie diese Antworten als Mosaiksteine zu einem ganzen Bild beitragen. Das *ganze* Bild muß es aber gar nicht immer sein – denn so wie in diesem Buch verschiedene Berichterstatter zu Wort kamen, Menschen, die Markus, Matthäus, Lukas, Johannes und Paulus heißen, so lesen und fragen auch wir heute vor dem Hintergrund unserer eigenen Bedürfnisse und erhoffen Antworten, die uns weiterhelfen, auch wenn sie anderen zu einfach oder zu kompliziert vorkommen mögen.

Das ist vielleicht ein Teil des Erfolgsgeheimnisses der Jesusbotschaft: Daß sie Spielraum läßt für den ganz eigenen Zugang zu Jesus, auf der gesicherten Grundlage der Erfahrungen, Berichte und Quellen, die wir von den Zeitzeugen erhalten haben. Man kann sich den Konsequenzen auch heute noch entziehen, denn ohne den Glaubensschritt nützt selbst die umfassendste Darlegung der Glaub-Würdigkeit des Menschen Jesus, des auferstandenen Messias und des von den ersten Anhängern erlebten Christus nicht viel. Nicht umsonst kursiert die Anekdote des britischen Staatsmannes Sir Winston Churchill, der einmal gesagt haben soll: Wenn ich in der Zeitung lese, daß Rauchen gesundheitsschädlich ist, dann höre ich nicht auf zu rauchen, sondern lese die Zeitung nicht mehr.

Auch unter denen, die den lebenden Jesus fragten, wer er denn sei, kam es zu den unterschiedlichsten Reaktionen. Wir sahen die Gründe und die Zusammenhänge. Das Schlußwort aber hatte und hat der größte unter den Verfolgern der ersten Christen, der Mann aus Tarsus, der am Ende seines zweiten Briefs an die Korinther, im letzten Satz, die gewonnene Erkenntnis über den wahren Herrn, den wahren Messias, der auf einer Ebene ist mit Gott und dem schon von Juden bezeugten Heiligen Geist, dem «Ruach ha-Kodesh», noch einmal zusammenfaßt: «Die Gnade unseres Herrn Jesus Christus und die Liebe Gottes und die Gemeinschaft des heiligen Geistes sei mit euch allen.»

# Bibliographie

Nachfolgend sind zwei Bücher des Autors aufgeführt, die weiterführende Forschungswege zeigen und darüber hinaus die internationale Forschung über die Zeit des Jesus von Nazareth darstellen:


- **Thiede, Carsten Peter**: *Ein Fisch für den römischen Kaiser. Juden, Griechen, Römer. Die Welt des Jesus Christus. München: Luchterhand Literaturverlag 1998 (ergänzte Taschenbuchausgabe: Bergisch Gladbach: Bastei Lübbe 2000).*
- **Thiede, Carsten Peter / Matthew d'Ancona**: *Das Jesus-Fragment. Kaiserin Helena und die Suche nach dem Kreuz. München/Berlin: Ullstein 2000 (überarbeitete dt. Fassung von «The Quest for the True Cross», London: Weidenfeld & Nicolson 2000).*


Viele der Schauplätze dieses Buches sind illustriert und erläutert in einem großartigen Panoramaband:


- **Thiede, Carsten Peter / Jon Arnold**: *Panorama des Heiligen Landes. Basel/Gießen: Brunnen Verlag 1999.*

## *Vom selben Autor*

### «Bibelcode und Bibelwort»

**Die Suche nach verschlüsselten Botschaften in der Heiligen Schrift**

Carsten Peter Thiedes eindrückliche Antwort auf Michael Drosnins Bestseller «Der Bibel Code».

Brunnen Verlag Basel und Gießen
Bestellnummer 111.158
ISBN 3-7655-1158-7

## *Der Autor*

**Carsten Peter Thiede**, Jahrgang 1952, ist Literaturwissenschaftler, Historiker und Papyrologe. Er lehrt an der Staatsunabhängigen Theologischen Hochschule Basel und ist Mitglied des Zentrums für deutsche Studien am History Department der Ben Gurion University of the Negev in Beer-Sheva (Israel). Thiede ist u.a. Autor der Titel «Der Jesus-Papyrus» und «Ein Fisch für den römischen Kaiser» (beide Luchterhand) sowie «Bibelcode und Bibelwort» (Brunnen Verlag Basel). Mit seiner Frau und drei Kindern lebt er in Paderborn.